プロ直伝! 交通捜査の Q&A

編著 那須 修

共著 城 祐一郎
村井 紀之
入尾野 良和

東京法令出版

推薦の言葉

　警察の交通捜査に対する国民の期待は高く、平成29年９月に内閣府が実施した「治安に関する世論調査」によれば、「警察に力を入れて取り締まってほしい犯罪」として「飲酒運転、ひき逃げなどの悪質・危険な交通法令違反」を挙げた人は回答者の43.2％を占め、前回調査（平成24年７月、54.3％）に続く最多にはならなかったものの、引き続き、多くなっています。

　しかしながら、このような警察の交通捜査に対する期待の高さゆえか、時として、その捜査に対しては、「なぜ送致までにこんなに時間がかかるのか」、「どうして被疑者が逮捕されないのか」といった疑問や不満の声が聞かれることがあります。

　これらの疑問や不満を解消するためには、当然、警察として、更に捜査能力を高めなければならないという部分もありますが、死亡事故に対する警察の捜査に不信感を持っていた御遺族が、警察による再実況見分の様子を目の当たりにして感動したという事案があったように、警察による交通捜査の実態を、正しく国民の皆様に知ってもらう必要があるとも思われます。

　こうした折、元警察大学校交通教養部長の那須修氏、元警察庁交通局交通指導課長で元警察大学校交通教養部長の村井紀之氏、警察庁指定広域技能指導官である入尾野良和氏、さらに、元最高検察庁検事の城祐一郎氏の四氏によって「プロ直伝！交通捜査のQ＆A」が発刊に至ったことは、誠に時宜を得たものであり、警察庁交通局長として警察職員の捜査能力の向上とともに、交通警察に対する国民の理解の増進を重要な課題とする私としても喜びに堪えません。

本書が広く警友諸君、さらに、交通警察に関心を持つ国民の方々に熟読されることによって、捜査能力の向上と交通警察に対する国民の理解の増進という本書の二つの目的が達成され、そのことが更なる交通安全と国民生活の安全・安心に結び付くことを願ってやみません。

　　令和3年7月

　　　　　　　　　　前警察庁交通局長　　北　村　　博　文

はじめに

　交通捜査は、これまで捜査員一人ひとりの仕事に懸ける意気込みによって支えられてきたところが大きいと思います。

　例えば、雨の夜のひき逃げ事件で、夜を徹して遺留物を探した後、「もう撤収しよう」という班長に対し、捜査員の一人が何度も更なる捜索を提案していたところ、朝になって雨が上がったことから、再度班員が横一列になって路面を捜索した結果、捜索再開の数十分後に一片の塗膜片が見つかって、被疑車両の特定に役立ったという事案がありました。こうした成果は、まさに捜査員の仕事に懸ける意気込みがなせる業と言っていいでしょう。

　ただ、今後の交通捜査を考えると、今までのように捜査員の仕事に懸ける意気込みに頼りっぱなしというわけにはいかないと思われます。

　つまり、「働き方改革」が叫ばれる中、徹夜で捜査をした捜査員にはそれに応じた休みを確実に取得してもらうなどして、無理なく働けるようにしなければなりません。

　そのためには、誰かが休んだら仕事が回らないというのではいけません。各自が基本的な捜査能力を身に付けた上で、誰がいつ休んでも、代役がカバーできる仕組み作りが重要です。

　幹部としては、そのためのマネジメント能力が求められますが、その際には、一人ひとりの捜査員が、捜査員として必要な能力を身に付けられるよう、最適な教材を示しつつ、指導教養をすることが不可欠と思われます。

　本書は、「捜査研究」（東京法令出版）に、9回に分けて掲載された村井紀之前警察大学校交通教養部長（司会）、入尾野良和警察庁指定広域技能指導官、城祐一郎最高検察庁検事と元警察大学校交通教養部長である編共著者の4人（肩書はいずれも当時のもの）による座談会を、Q＆A形式に編集したものです。いずれも組織としての見解ではなく、個人としての見解ですが、文字どおり交通捜査のプロのエッセンスが凝縮されたものとなっており、交通捜査の幹部の指揮能力、個々の捜査員の能力向上のために最適な内容であると自負しております。また、部外の方が交通捜査を研究するためにも最良

の指南書と言うこともできます。

　本書が多くの方々に愛読され、交通捜査能力の向上によって国民の安全安心の一助となり、さらには、捜査員のワークライフバランスの基礎となる一人ひとりの捜査員の捜査能力の向上に資することとなれば、編共著者としてこれにすぐる喜びはありません。

　なお、末尾ながら、本書の完成に当たり、これまで御協力いただいた多くの方々、とりわけ東京法令出版株式会社の編集スタッフには感謝の意を申し上げたいと思います。同社の献身的な努力がなければ、本書が生まれることはなかったであろうことをここに付記しておきたいと思います。

　　令和3年7月

　　　　　　　　　　　　　　　　　編共著者　　那　須　　修

著者からのメッセージ

読者の皆様に、交通警察官の仕事の意義、交通捜査の考え方の原点について、著者からのメッセージを贈ります。

― 城祐一郎　最高検検事からのメッセージ ―

多くの国民を身近で守る交通警察官

　私は、交通事故事件捜査を含め、交通警察に従事する警察官ほど、多くの国民を身近で守っている警察官はいないと思っています。多くの親は、子供が学校に行くとき、「車に気を付けなさいよ。」と言っているでしょう。でも、通常は、無事に帰ってきます。それは、交通警察官が様々なところで、事故防止活動、交通教育活動、交通指導取締り、捜査活動等を通じて、その子供が事故に遭う場面を事前に防いでくれているからなんです。

　そういった意味で、私自身や、私の周りの人も、みんな交通警察官によって守ってもらっていると思っています。本当にやりがいのある、また、誇りを持てる仕事だと思いますよ。

― 那須修　元警大交通教養部長からのメッセージ ―

交通事故とは、損傷を伴う物理的現象である。

　交通事故とは損傷を伴う物理的な現象であり[1]、車や現場の痕跡を一つひとつ合わせていけば、そのときの車の動きが正確に再現できます[2]。

　つまり、交通事故の場合は、必ず現場や関係車両等に物証が残っているのであり、現場の路面痕跡、遺留物、車の破損状況、被害者の負傷状況等といった物証を正しく分析することによって、事故状況を再現することができるのです。

　そのため、関係する車両（特に衝突箇所）及び現場に残された痕跡の写真撮影は、捜査上極めて大きな意味を持つのです。

[1]　逸見和彦「交通事故事件捜査における交通鑑識」(月刊交通32巻12号、2001年)13頁
[2]　柳原三佳「交通事故鑑定人―鑑定歴五〇年・駒沢幹也の事件ファイル―」(角川oneテーマ21、2002年) 55頁

凡　例

1　項目別分類

Q＆A：捜査に関するセオリー、事実関係等に関する問答

◯◯のモノローグ：仕事の心構え、個人の価値観、今後の予想、制度の改正等に関する個人的見解等の表明（◯◯の肩書は発言時（「捜査研究」掲載時）のもの）

2　法令の正式名称等

刑訴法：刑事訴訟法（昭和23年法律第131号）

計量法：計量法（平成４年法律第51号）

自動車運転死傷処罰法：自動車の運転により人を死傷させる行為等の処罰に関する法律（平成25年法律第86号）

２年自動車運転死傷処罰法改正法：自動車の運転により人を死傷させる行為等の処罰に関する法律の一部を改正する法律（令和２年法律第47号）

自動車運転死傷処罰法施行令：自動車の運転により人を死傷させる行為等の処罰に関する法律施行令（平成26年政令第166号）

少年法：少年法（昭和23年法律第168号）

道交法：道路交通法（昭和35年法律第105号）

元年道交法改正法：道路交通法の一部を改正する法律（令和元年法律第20号）

２年道交法改正法：道路交通法の一部を改正する法律（令和２年法律第42号）

道交法施行令：道路交通法施行令（昭和35年政令第270号）

道路運送車両法：道路運送車両法（昭和26年法律第185号）

犯罪被害者支援法：犯罪被害者等給付金の支給等による犯罪被害者等の支援に関する法律（昭和55年法律第36号）

犯捜規：犯罪捜査規範（昭和32年国家公安委員会規則第２号）

3　判例・判例集・雑誌等

最判（決）：最高裁判所判決（決定）

高判：高等裁判所判決

地判：地方裁判所判決

支判：支部判決

刑集：最高裁判所刑事判例集

高検速報：高等裁判所刑事裁判（判決）速報

刑月：刑事裁判月報

交民：交通事故民事裁判例集

判時：判例時報

判タ：判例タイムズ

判地自：月刊判例地方自治（ぎょうせい）

重要判旨集：必携自動車事故・危険運転重要判例要旨集（第2版）（立花書
　房）

裁判所 HP：http://www.courts.go.jp

目　次

第5章　実況見分と写真撮影

第6章　被害者支援等

4

第2編　飲酒運転をめぐる諸問題

第1章　飲酒運転の取締り

第2章　呼気検査拒否罪（飲酒検知拒否罪）、強制採血

第3章　飲酒運転の故意

那須修　元警大交通教養部長のモノローグ・6

第4章　ウィドマーク式計算法等

第5章　その他

城祐一郎　最高検検事のモノローグ・2
城祐一郎　最高検検事のモノローグ・3
城祐一郎　最高検検事のモノローグ・4
入尾野良和　警察庁指定広域技能指導官のモノローグ・2
那須修　元警大交通教養部長のモノローグ・7

第3編　危険運転致死傷罪

第1章　2年自動車運転死傷処罰法改正法による改正

第2章　アルコール類型（2条1号・3条1項）

第3章　薬物類型（2条1号・3条1項）

第4章　制御困難高速度類型（自動車運転死傷処罰法2条2号）

第5章　技能未熟類型（2条3号）

城祐一郎　最高検検事のモノローグ・7

第6章　妨害目的類型（自動車運転死傷処罰法2条4号）

第7章　赤色信号殊更無視類型（自動車運転死傷処罰法2条7号）

第2章　検察庁との良好な協力関係の構築

第3章　交通捜査の多面的意義

第4章　道交法等の改正による罰則強化等

第5章　自動運転時代の捜査の在り方

第1編

捜査の基本

交通事故とは、損傷を伴う
物理的現象である。

第1章　不適正捜査の防止のために

 Q1 不適正捜査の典型例としては、どのようなものがありますか。また、そこから得られた教訓としては、どのようなものがありますか。

  A1 那須　いくつかありますが、私としては、不適正捜査の典型例を一つ挙げるのであれば、平成10年に発生したある事件を挙げたいと思います。

　これは、自動車とスクーターが交差点で衝突し、スクーターの運転者が死亡した事件ですが、発生から5年半後に、警察自らが「実況見分の内容、方法、証拠物の採証・保全、検証等をはじめ捜査全体が粗略で、ずさん」であったと分析し、遺族の方に謝罪したものです。ちなみに、自動車の運転者は「証拠不十分」を理由に不起訴となり、行政処分もなされませんでした。

　上記謝罪時の謝罪文の別添として当該県警が作成した文書には、次の事項が掲げられています。

○　聞込みが不十分で目撃者を発見できなかった。

○　目撃者を求める看板等の掲出は事故当日に行うべきであった。

○　実況見分調書に、被害者の血痕、飛散した車両の部品、双方の車両の損傷部位等の状況や計測結果の記載がなかった。

○　被害者の着衣やヘルメット等について、その破損、損傷状況や落下地点等を見分し、証拠化を図っておくべきであった。

○　車両の見分は写真撮影のみで、領置等の措置は採っておらず、その他遺留物等についても採取や領置手続を採っていない。双方の車両をはじめ、衝突により破損した部品や遺留物、飛散物等についても幅広く採取し、証拠化を図るべきであった。

○　当事者の方が亡くなられた交通事故にあっては、改めて死体見分を行い、死亡原因や損害部位等を捜査すべきであった。

○　バイクや遺留物等は、すぐに返還せず、警察において証拠資料として保全し、見分等の捜査が終了した後で返還すべきであった。

さらに、当該捜査について、地検の採証係の報告書は、次のように指摘しています。

○　スリップ痕、ガウジ痕※等は、現場付近の路面状況を写した写真が全く存在しないので判断できない。

○　事故各車両の損傷状態を詳細に撮影した写真も存在しない。

警察としては、これらの事項を教訓として活かしていかなければならないと思います。

なお、この事件では指摘されませんでしたが、現在であれば、防犯カメラやドライブレコーダーの映像の捜査の重要性も忘れてはならないと思います。

※　ガウジ痕とは、衝突の衝撃によって車体底部のフレームやトランスミッションカバー等が変形し、路面にぶつかることによって生じるえぐれた痕跡をいう。また、二輪車の転倒によって路面に生じることもある。

Q2　警察の初動捜査が不適切だったために、危うく交通事故の被害者が経済面等で大きな損害を被りそうになった事案としては、どのようなものがありますか。

こうした事案を防止するために、警察は、どのようなことをしているのですか。

A2 那須　ほかにもあります（A1、A18＜補足＞前段、A22等）が、ここでは、一方当事者の主張を鵜呑みにして、初動における物証捜査を怠ったことが主たる原因となった不適正捜査事案として、次の2つを挙げたいと思います。

1　第一事案（正面衝突にされてしまった事案）※1

＜事案の概要・経緯等＞

朝方、出勤途中の自動二輪車に乗ったAがトラックと衝突し、意識不明となる重傷を負って救急車で搬送された。

この事案で、Aは事故後約1か月の記憶を失い、半年後にようやく一時退院できたが、トラックの運転者Xは、事故直後から、「自分が停止していたとこ

ろ、右後方から、一時停止を怠り、前方不注意のまま走行してきた自動二輪車がぶつかってきた」と主張した。

　実際にはXの主張は虚偽で、トラックは停止しておらず、両車は正面衝突であった。また、Xが主張したAの走行経路は、Aの通常の出勤ルートと異なるものだった（次図参照）。しかし、警察によるAに対する事情聴取が行われない中、Xの主張がそのまま通り、まず、Aに対する自賠責の支払いに関し、Aに前方不注意の過失があったとして、重過失減額がなされた。さらに、Aが提起した損害賠償請求の第一審でもXの主張が認められ、Aは、Xのトラックの修理代と訴訟費用を支払うよう命じられた。また、刑事手続に関しては、退院後もAに対する事情聴取や連絡はなされないままであった。

被害者Aの真実の通行ルート（Aの通常の出勤ルート）

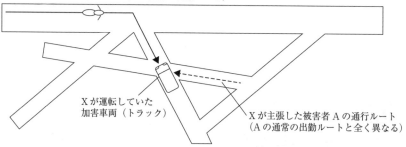

X が運転していた
加害車両（トラック）

X が主張した被害者 A の通行ルート
（A の通常の出勤ルートと全く異なる）

　その後、事故の4年半後に週刊誌の報じるところとなり、公訴時効直前になって捜査が急ピッチで進められた。その結果、刑事裁判ではAの主張が全面的に認められ、Xは有罪となった。Xが公判の場でそれまでの主張を全て撤回し、傍聴席の被害者Aに対して「申し訳ありませんでした」と頭を下げた。また、民事裁判でも、Xに、原告Aに対する約6,000万円の損害賠償の支払いが命じられた。

＜解　説＞

　この事案では、警察の捜査に関し、

① 　Xの供述のとおりであればAは通常の出勤ルートとは全く異なるルートを通行したことになるのに、警察は、当初十分な裏付け捜査を行うことなくXの供述のみに頼り、その供述が虚偽であることを見抜けなかった

② 　捜査員は、トラックの前方の損傷について十分な捜査をせず、しかも、事故現場の路面痕跡や遺留物、さらに車両の写真を全く撮っていなかった

という問題がありました。

　まさに、一方当事者の主張を鵜呑みにして（①）、物証捜査を怠った（②）典型的な事案だと考えられます。

　そして、事件の解決に関しては、「Aの親族が現場で撮っていた双方の写真が大きな意味を持った」ということは、決して忘れてはならないと思います。

　なお、付言すれば、当時は、前足捜査に関し、今のようにスマートフォンやカーナビは普及していませんでしたが、そもそもそれ以前に、Aの家族に連絡をした際に話を聴けば、当然出勤途中であったことは分かるはずで、Aの自宅と職場の位置を考えれば、通常の出勤ルートとは異なるという疑問が浮かんでしかるべきと考えられます。

　そうすれば、自然と、Xの供述に頼り切る危険性が思い浮かぶものと思われるのですが、このように、多角的に情報を得て、疑問点をそのままにしないという姿勢が、捜査員には求められると思います。

2　第二事案（青青事故）※2

　主道路を走行してきた自動二輪車の運転者が、従道路から交差点に進入したトラックと衝突して死亡した事故が発生しました。

　この事案では、当初、警察の捜査段階では、被疑者の主張が認められ、信号を無視した二輪車が正面からトラックの真横にぶつかったと判断されました。

　これに対し、現地の信号のスプリット等（34頁以下参照）を調べて捜査に疑問を持った遺族側が、全て実費で、目撃者探しのビラを作成・配布し、看板を立て、付近の銀行の防犯カメラに事故の様子が残っていないか調査し、さらに現場の状況を確認して実況見分調書の問題点を明らかにし（実地検証した主道路と従道路の交差角度が、実況見分調書と異なっていた。）、処分業者から転売されていた当該二輪車を買い求め、その損傷を確認するなどの調査を行いました。

　その結果、当初「無責」とされていた自賠責に関して、従道路側のガソリンスタンドから斜めに主道路に進入したトラックの後方に、青信号に従って走行してきた二輪車がぶつかったことがうかがえる（次図参照）と判断され、遺族側に対して自賠責が全額支払われることとなりました。

（遺族側の調査）

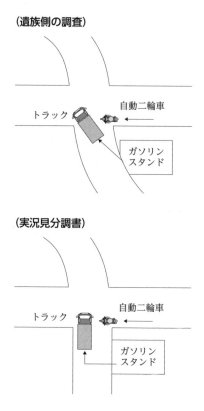

（実況見分調書）

　これは、極めて残念なことに、警察は、捜査の在り方について、遺族の方に教えてもらった方がいいのではないかと言われても仕方がないような事案であったといえます。

　ただ、この2つの事案に係る事故は、いずれも20年以上前に発生したものです（さらに、（A1、A18＜補足＞前段、A22等の事故も同様）。

　現在は、警察庁通達に基づき、各都道府県警察本部に、交通事故事件捜査統括官及び交通事故鑑識官が設置され、悪質な交通事故事件、事故原因の究明が困難な交通事故事件等について組織的・重点的な捜査並びに正確・綿密な実況見分及び鑑識活動を行う体制が整備されており、交通事故事件捜査の基本たる実況見分等に係る教養も強化されています。

　特に、死亡、重傷事故のうち、救護義務違反に係るもの、危険運転致死傷罪の適用が見込まれるもの、さらには、一方当事者の供述以外に証拠が得られな

いおそれがあるもの等については、交通事故事件捜査統括官及び交通事故鑑識官が速やかに現場に臨場することとされているなど、捜査体制、さらには捜査員の意識も大きく改善されています。

　その意味で、ここで紹介したような不適正事案等は、現在では発生しづらくなっているということはいえると思われます。

　しかしながら、こうした不適正事案等は、あくまで絶無を期さなければならないのであり、そのためにも、かなり以前に発生したものであっても、不適正事案等から得られた教訓は、決して忘れることなく、語り継いでいく必要があると思います。

※1　柳原三佳「交通事故被害者は二度泣かされる」（リベルタ出版、2005年）199頁以下
※2　柳原三佳「Journalist Eye 第2回」（捜査研究№577、1999年）

第2章　初動捜査

Q3　交通事故事件の発生現場に到着した先着警察官は何をするのですか。

A3　那須　交通事故事件の発生現場に到着した先着警察官は、時刻を確認し、交通課長等に報告した上で、その指示を受け、負傷者の救護等、現場保存、目撃者・参考人の発見確保、被疑者の特定等を行います。また、二次災害のおそれがあるような場合には、速やかに避難のための警告、安全な場所への立ち退き指示及び誘導等を行います。

Q4　現場における負傷者の救護等はどのように行うのですか。

A4　那須　負傷者の救護等は、次のように行います。
①　当事者の死亡が明白でない場合には、直ちに救護の措置を講じ、できる限り早く医師による治療が行われるよう手配します。併せて、救護前の現場及び被害者の状況（転倒位置、方向、姿勢、負傷・流血状況等）等を撮影します。

なお、軽傷の場合であっても、病院での診断を受けさせます（A8参照）。
②　負傷者からの聴取が可能な場合には、身元、事故の概要等について聴取します（時間的な余裕がない場合等には、録音等も考慮します。）。
③　負傷者を移動する場合は、チョーク等によって移動前の負傷者の周囲に線を描き、移動後の現場の状況等も撮影します。

負傷者が現場にいない場合は、関係者に負傷者の移動前の状況について指示説明を求め、チョーク等で移動前の負傷者の位置を描くなどした上で、撮影します。

なお、この際には、現場における遺留物を毀損しないよう最大限の注意を払います。

④　負傷者の着衣、履物、所持品等については、その損傷状況等から衝突の態様等事故の実態が明らかになる可能性があるため、廃棄等されないよう速やかに本人又は家族から任意提出を受ける等の措置を採り、速やかに撮影します。

⑤　負傷者の取扱いに当たっては、感染症防止のため、手袋を用いる等して血液への直接接触を避けるようにします。

Q5　現場において死亡が明白な人の取扱いはどうするのですか。

A5　那須　死亡が明白な人の取扱いは、次のように行います。
①　死者への礼を失しないよう、合掌するなどした上で、写真撮影等を行い、その後は、みだりに衆目にさらすことのないよう死体に覆いを施す又は移動する等の措置を採ります。

　なお、死体については、全身の状態が分かるように高い位置から撮影するとともに、損傷部位についてはスケール等を用いて近接撮影します。

②　死亡時刻が判然としない場合には、現場の気温測定を行います（直腸温から死亡時刻を推定する際に必要となります。）。

③　Ａ４の③〜⑤については、死亡が明白な人の取扱い時においても同じです。

Q6　既に救急隊が先着して当事者の救護等に当たっていた場合や、当事者が搬送中又は病院に収容されていた場合は、先着警察官は何をするのですか。

A6　入尾野　既に救急隊が先着して当事者の救護等に当たっていたような場合には、消防署の覚知状況の聴取と被害者を搬送した救急隊員からの事情聴取（到達時の被害者及び現場の状況、救急隊員が聴取した事項及び施した措置、救急隊員による現場変更の有無等）を行います。

　救急隊員は、現場到着時、被害者の救護を最優先としますが、被害者への声掛け確認はもちろん、被疑者の人定確認を行い、併せて事故状況等も聴いています。目撃者がいれば、その方からも状況を聴いている可能性もありますから、被害者の現場での状態や被害の程度を含め、必ず、確認する必要があります。現場での第一声は被疑者、被害者に関わらず信憑性のあるものなので、救急隊員への確認は、忘れずに実施すべき初動捜査の一つと言えると思います。

　なお、救急隊員は当番制なので、時期を逸すれば、被害者を搬送した救急隊員が非番で不在となる可能性があるので、早い段階での確認を要します。

　救護中又は搬送中の当事者や、病院・家族からの事情聴取に関する

那　須　留意事項は、次のとおりです。

①　救急隊員が当事者を救護中又は搬送中の場合には、当事者からの聴取の可否について救急隊員の意見を聴いた上、その承諾を得て、事故の状況等についての聴取を行います（救急車にも同乗させてもらいます。）。

②　被害者が病院に搬送されたような場合には、搬送された病院に捜査員を派遣し、担当医師名、けがの部位・程度、収容時間、治療状況、意識レベル、場合によっては死亡時刻及び死因等を確認させます。意識のある被害者については、医師の立会いや承諾を得て、できるだけ早期に事故状況について事情聴取します。この際、メモを取る時間的な余裕がない場合は、録音機等を活用します。

　なお、②の場合には、病院や家族に対し、診断書の作成・提出や、退院や病状の急変等があった場合の連絡等を依頼しておきます。かつて、かなり時間をおいて病院に連絡したところ、既に退院していた、又は反対に既に死亡して火葬されており、解剖ができなかったというような事案もあったところです。

　実際、病院に収容された時は意識もはっきりしており、外傷もひどくなかったので事故についての詳しい事情を聴かなかったところ、その後、症状が急変して死亡してしまったという事案は決して少なくありません。高齢者の場合には特に注意が必要です（Ａ8参照）。

Q7 被害者が死亡したり、病院に搬送されるなどして一方当事者しか現場にいない場合の初動捜査における留意点は何ですか。

A7 入尾野 事故当事者は、自分の都合の良いように事故状況を説明します。特に、被害が重大だったり、一時停止、信号無視、通行禁止等の明確な違反を伴う事故に加え、妨害行為等、危険運転を視野に入れて捜査すべき態様の交通事故の被疑者は、その責任から逃れようと、できるだけ自己の不利益にならないよう計算しながら供述するのが常です。

そして、被害者が死亡したり、病院に搬送されて現場にいない場合の初動捜査は、往々にして一方当事者（被疑者）の供述だけに頼りがちです。ですから、このような場合には、通報者や目撃者等を捜して状況を確認するのはもちろん、事故状況や現場の状況（路面痕跡等）、車両の破損状況等と被疑者の説明との間に矛盾がないかなどについて、確実にチェックをします。加えて、防犯カメラやドライブレコーダーの捜査を徹底することが重要です。

補足 那須 被疑者が真実と異なる供述をすることに関しては、警察ではなく、民間の交通事故鑑定人でも次のように説明しています※。

「皆さんご自身が、今運転なさっているとしましょう。うっかり気楽な気分で運転していた。そこへ、突然思いがけず、目の前に子どもが飛び出してきた。"ガチャン"と音がした、子どもがひっくり返った、血だらけになってひっくり返っている。そこへおまわりさんが飛んできた。

『おまえ今何キロで走っていたんだ！』

と言われたときに、皆さん本当のことが言えますか？　皆さんの中で、私は絶対に嘘をつかない、私は絶対に本当のことを言いますと言える人が一人でもいたら手を挙げてみてください……。」

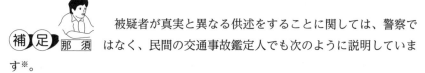

※　前掲・柳原「交通事故鑑定人―鑑定歴五〇年・駒沢幹也の事件ファイル―」18頁

Q8　　現場では軽傷に見えた当事者の容体がその後急変するということはよくあるのですか。また、こうした事態に備えるために必要な措置は何ですか。

A8　那須　特に被害者が高齢者の場合、容体の急変は少なくありません。

　そして、軽傷だと思って簡略な実況見分を実施したものの、その後、被害者の容体が急変して死亡し、これを受け、被疑者も否認に転じてしまったような場合が問題となります。

　入尾野　確かに、高齢者の事故の場合、現場で話ができて、見た目には軽傷程度のけがであったとしても、時間の経過とともに容体が急変することがあります。高齢者には、血液サラサラの薬（代表的な抗凝固薬「ワルファリン」）を飲んでいる人もいるので、出血した血液が固まらないのが要因の一つではないかと思われます。

　特に、歩行中に車と衝突した交通事故では、骨盤や腹部等を強打するので、見た目には大けがでなくても、内臓の毛細血管等が破れて出血しているケースがあります。救急病院に搬送されて治療を受ける際にCTスキャン等も撮影しますが、大きな血管からの出血ではないため、画像に写らないケースもあるようです。結果的に、破れた毛細血管から徐々に血液が流れ、4～5時間経過した頃に腹腔内に血液が溜まって容態が急変する、最悪手遅れとなってそのまま死亡するという流れです。

　このようなケースで死亡した場合、その死因が不明であったり、自宅等病院以外で死亡したのであれば、司法解剖が必要になると思われます。これが発生当初から人身事故として取り扱っていればまだ問題はないのですが、こうした事案に限って、「相手の処罰を望まないので物件事故で取り扱ってほしいとの申出があった。」「会社で責任を持って補償する。」などと被疑者側が物件事故としての取扱いを求めるケースが多いのです。

　ですから、負傷者が高齢の場合、たとえ現場で話ができて軽傷であったとしても、腹部、特に骨盤骨折のおそれがあるようであれば、最悪の事態を想定し、現場における初動捜査を徹底する必要があるのです。

　実際、このような事案が問題となる場合において共通していえるのは、初動時の現場捜査が徹底されていないということです。

　現場の痕跡等を含めた写真撮影及び関係者からの事情聴取等、初動捜査さえ徹底していれば、再捜査すべき事案に発展したとしても大きな捜査負担はないのですが、そうではない場合には、本当に大きな負担となるばかりか、関係者や関係機関に多大な迷惑を掛け、結果的に、警察捜査の信用性を失墜させてしまうようなことにもなりかねないのです。

Q9 　先着警察官が現場保存を行うに当たって最も気を付けなければならないことは何ですか。

A9 那須 　基本の徹底による受傷事故防止です。

　現場保存を行う場合には、必ず交通整理の専従員を置くこととし、交通整理の専従員は、通行車両に背を向けず、常に警戒し、警笛、停止灯等を活用しつつ、車両に対し、目立つ位置で、目立つ姿により、明確な動作で合図をします。そして、常に現場保存を行う者と連携しなければなりません。

　また、装備資機材を十分活用することとし、交通規制のために路上に配置する場合には外側から内側（交通流の上流から下流）に、路上から撤去する場合には内側から外側に向けて行うなど、受傷事故防止のための基本を徹底することが何より重要です。

補足 村井 　本来、車が行き交うべき場所である道路の上で活動するので、受傷事故防止には細心の注意が必要ですが、慣れによる油断といったリスクもありますね。気を付けたいところです。

Q10　現場における証拠の散逸等防止のために必要なことは何ですか。

A10 　現場における証拠の散逸等防止のために必要なこととしては、

① 早期に臨場すること

② 現場保存の範囲を広くとること

③ 当事車両の停止位置や散乱部品等が移動されていないかどうかなど、事故の関係者、通報者、目撃者、救急隊員等に確認すること

の3点が挙げられます。

　①に関しては、交通事故の場合、そのほとんどが公道上で発生しますから、早く現場保存をしないと通行車両等によって現場が壊されたり、証拠が散逸してしまうおそれがあります。ですから早期に臨場する必要があります。

　②に関しては、例えば、ひき逃げ事件の現場であれば、衝突地点から逃走方向を重点に現場保存区域を広げる必要があります。また、アルコール、薬物、一定の病気に加え、制御困難走行型や妨害行為等、危険運転を視野に入れて捜査すべき事故態様の場合には、事故現場より手前の縁石等への接触や衝突痕、また横滑り痕や制動痕等の路面痕跡がないかを含めて確認する必要があります。こうしたことから、事故態様や被害状況、現場の置かれた道路環境等を踏まえ、できる限り広範囲の現場保存が必要といえます。

　③に関しては、現場痕跡や散乱物の飛散状況の位置特定は、衝突地点の認定や速度算出の資料として重要な意味を持っています。中でも、ガラス片や破損部品等の散乱地点については、路面痕跡等と異なり移動しやすいものなので確実な確認が必要です。

　そのため、先着警察官としては、まず当事車両の停止位置や散乱部品等が移動されていないかどうかなど事故関係者、通報者、目撃者、救急隊員等に確認することを忘れてはなりません。また、捜査に当たる者は、残された物証や車両等の突き合わせを確実に実施し、疑問が生じるようであれば、解消するまで捜査を徹底するという捜査癖を身に付ける必要があります。

　特に、当事者や目撃者の証言等と現場の状況や事故状況が矛盾するようなケースでは、現場での即断を避け、全体を見て総合的に擬律判断するように心

掛ける必要があります。

現場保存区域についていえば、当初はできる限り前後に長くとる必要があります。

実際、ひき逃げ事件等で、現場保存区域外に遺留物を発見することはよくあります。この原因として、ひき逃げの被疑車両が逃走途中に証拠資料を遺留することもありますし、また、遺留物が風によって道路外まで飛ばされたりすることもあるので、こうしたことにも注意が必要です。

また、飲酒絡みの危険運転致傷罪に関し、現場保存区域の手前数百メートルの地点の道路標識や歩道縁石に衝突痕やタイヤ痕があったことが、後日分かったという事案もあります。「正常な運転が困難な状態」であったことを立証するための重要な証拠となるものです。

もちろん、どこまでも現場保存区域を広げるわけにはいかないのですが、こういうこともあるというのは知っておいた方がよいと思います。

そして、こうしたことがあるからこそ、現場臨場した責任者には、先着警察官が行った現場保存区域、捜査対象等の適否を再検討し、必要に応じ速やかに補正する責任がある、ということがいえるのです。

Q11　「善意の証拠隠滅者」とは何ですか。

A11　「善意の証拠隠滅者」とは、例えば、歩道上に散乱したガラス片を、警察官の到着前に、歩行者の邪魔にならないように片付けるような人のことをいいます。

全くの善意なので責められないのですが、事故の実態を明らかにするという観点からは大きなマイナスになります。

実際に問題になった例の一つとして、自動車と衝突して重傷を負った自動二輪車の運転者（後に死亡）が倒れていたのを見た目撃者が、当該運転者が楽になるようにとヘルメットを外したところ、後から、一方当事者である自動車の運転者が、自動二輪車の運転者はノーヘルであったと主張したような事案があ

りました。

　ですから、現場臨場した警察官は、目撃者から、遺留物に関することについても聴取する必要があります。そして、今申し上げたような警察官が現着したときに自動二輪車の運転者のヘルメットが脱げていたような事案については、ヘルメットの損傷状況や運転者の負傷状況、特に頭部の負傷状況その他の物的証拠について十分捜査するとともに、目撃者を探して、事故の状況について事情を聴く必要があるのです。

Q12　現場保存区域の補正等や、それに先立つ指示は、誰が、どのように行うのですか。

A12 入尾野　先着警察官のほとんどが地域警察官ですので、交通警察官は、現場到着後、現場保存の区域や捜査対象等の適否を再検討し、必要に応じて速やかに補正しなければなりません。

　また、捜査幹部や事故を認知して現場に向かう交通警察官は、現場到着前から、通報内容（事故態様）、現場の位置、道路環境等を踏まえ、現場の状況等をイメージし、初動対応で何を優先的に押さえる必要があるかなどを考え、無線等を活用し、先着警察官に対し、その現場に見合った保存区間や早急に対応すべき事項等を指示することが必要です。

　特に、危険運転の適用が見込まれるような交通事故の場合、適正な現場保存や、初動時の対応（目撃者の確保等）に漏れがないようにするためにも、一刻も早く、現場をイメージして指示をすることが求められます。

Q13　初動捜査等に関し、地域警察官等に対する教養内容としては、どのようなものが考えられますか。

A13 入尾野　実際のところ、物損事故のほとんどを地域警察官が対応していますし、物損事故から人身事故への切替え件数も少なくありません。また、人身事故現場には交通警察官より先に臨場して現場保存等

に当たっているので、その地域警察官に対し、現場の見方や現場保存の重要性等を含めた交通捜査に関する教養を行うというのは、適正捜査の見地からも本当に重要で必要なことだと思います。

　また、特に、危険運転致死傷罪が見込まれるような人身事故、例えば、飲酒運転、薬物、一定の病気、信号無視、通行禁止違反、高速度による路外逸脱や交通上のトラブル絡みによる人身事故に関しては、目撃者の確保はもちろん、事故直前直後の被疑者の言動や態度等が重要な立証証拠となる場合もあるので、最初に現場に臨場する者には、こうした意識と最低限の知識が必要です。

　さらに加えて言えば、重大特異事案等は、日中帯より夜間の当直時間帯に発生することが多いので、教養自体は、地域警察官に限らず、当直主任や副主任として勤務する立場の各課の課長クラスにも定例会議や幹部会の席を利用して教養し、交通課長等不在時でも、必要最低限の初動指揮が執れるようにしておく必要があると感じています。

　なお、千葉県警では、地域警察官に対する教養という観点から、初任科と初任補修科の生徒に対し、交通鑑識班等による交通事故現場の見方や初動捜査の重要性等についての教養を行っています。

　　物損事故についてですが、一口に物損事故と言っても、その内容は
那須　一律ではなく、中には、保険金詐欺事案で、警察による実況見分を簡略なもので終わらせるために、けがはなく、物損事故だと主張していた被害者（役）が、後から首が痛いと言い出すようなものもあります。また、保険金詐欺に関しては、あらかじめ自車に傷を付けておいて、物損事故に遭ったと主張するような架空事故の類型もあります。

　こうした事案に対処するためには、地域警察官等に対して、日頃から写真撮影や傷合わせ（19頁参照）の重要性、さらには、事情聴取の在り方等について教養をしておくことが非常に大きな意味を持つと言えます。

　具体的に必要となる措置としては、交通専務員が来ないような一見大したことのないように思える事故であったとしても、現場臨場した地域警察官として、

　　　　両当事者、目撃者から話をよく聴いた上で、関係車両等（特に損傷個所の位置が分かる写真と損傷個所の拡大写真）、現場の路面等に残され

　　　　　　た痕跡の写真を、立会人（票）を入れて撮ること
は、確実に行うよう教養しなければなりません。

　このような措置を講じておけば、不適正捜査の防止、保険金詐欺対策、さら
には、当初は負傷なしと判断されていた高齢被害者の容体が急変した事案の適
切な解決につながることも期待されます（Ａ8、A58＜補足＞参照）。

補足　村井　　　　交通事故に対する地域警察官の意識を高め、必要な知識や
技術を積極的に教養していくことの重要性がもっと強調され
てもいいのかもしれません。地域警察官は、交通指導取締りでも大きな役割を
果たしていますから、交通部門と地域部門が連携してもっと積極的に教養を行
えば、交通警察の執行力はまだまだ伸びる余地があるように思いますし、交通
警察希望者が増えるといった効果も期待できるかもしれません。

　私としては、教養の問題を含め、交通部門と地域部門の更なる連携のポイン
トは、交通部門の要望を伝えるばかりではなく、地域部門の言い分にきちんと
耳を傾けて、彼らにもメリットが感じられるようにすることではないかと思っ
ています。

<参　考>追突事案に係るノーズダイブの有無に関する4つのパターン

　衝突部位同士を突き合わせる傷合わせを行うことによって、例えば、次図のようなノーズダイブ（急ブレーキをかけた場合に、自動車の前方が過渡的に沈み込む現象）の有無が判明することがあります。

追突事案に係るノーズダイブ（↓の部分）の有無に関する4つのパターン

　①　前車、後車どちらもブレーキを踏んでいない場合

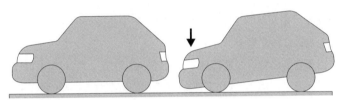

　②　後車だけがブレーキを踏んでいる場合

　③　前車だけがブレーキを踏んでいる場合

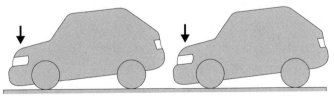

　④　前車、後車どちらもブレーキを踏んでいる場合

第3章　目撃者の確保等と防犯カメラ・ドライブレコーダーの映像の入手

Q14　事故現場における目撃者の確保等はどのように行うのですか。また、併せて行うべき事項は何ですか。

A14 那須　事故現場はしばしば非常に混乱していますが、そうした中で、周辺の通行人、野次馬、駐停車車両の乗員、付近の住民等に対して、事件を目撃したか否かを尋ねたり、パトカーの拡声器を利用するなどして一人でも多くの目撃者等を確保しないといけません。また、目撃者からは、人定事項、連絡先等（目撃者が自動車に乗っている場合にはそのナンバー等）のほか、いつ、どこで、何をしているときに目撃したか、さらに、事故の発生状況（衝突場所、衝突の態様等）、発生前後の状況、現場の明暗、信号表示等を聴取する必要があります。

　また、目撃者等の確保と並行して、付近の商店街、コンビニ、ガソリンスタンド、マンションの出入口等に防犯カメラが設置されていないかを確認することが必要です。さらに、ドライブレコーダー搭載車両は近年急増していますが、駐車車両のドライブレコーダーに事故の様子等が記録されていることがあるため、付近の駐車車両の乗員、特にタクシーの運転者等にはドライブレコーダーの搭載の有無等についても尋ね、事故の様子が記録されている可能性がある場合には必要な協力を要請すること等も必要になります。

　そして、そのためには、状況によっては非常招集を行うなどして体制を整えた上で、各自の役割を決めて現場に赴く必要があります。

補足　城　ドライブレコーダーについて言えば、タクシー等のほか、路線バスのドライブレコーダーも重要です。

　これは交通事件ではないのですが、ある殺人事件で、路線バスのドライブレコーダーに犯行前の被疑者の行動が分かる映像が残されていて、それが被疑者の特定につながったという事例がありました。このバスでは7日間、ドライブレコーダーのデータが保管されていたので、その間に、そのデータを押収することができたというものです。

　ただ、ドライブレコーダーや防犯カメラのデータには、保存期間があまり長くないものもあるので、事故直後からの速やかな対応が必要になるということは心しておかないといけないと思います。

Q15　目撃者に対しては、どのように接すればよいのですか。

A15 入尾野　目撃者に接するに当たっては、「目撃者は、あくまでも警察の協力者」であるということを忘れてはいけません。

　本来、目撃者は、自分のために使う時間を、正義のために割いて警察に協力してくれているわけですから、何があっても警察側の都合を強要しては駄目です。常に目撃者の立場を考え、感謝の心を忘れず、丁重な対応を取らなければなりません。目撃者だから警察に協力するのが当たり前だなどとついつい思いがちですが、こうした高飛車な言動や態度等は厳禁です。

　特に、重大事故等の目撃者になると、警察段階での実況見分立会いと供述調書の録取だけにとどまらず、検事調べ、公判での証人出廷等、複数回協力してもらう必要性が出てきますので、捜査段階での信頼確保、つまり、協力体制の確保は、最も重要なポイントの一つです。

　得てして警察官は、この気持ちを忘れがちになるので、肝に銘じておくべきです。

補足 那須　捜査員としては、目撃者を含む捜査協力者、情報提供者等に対しては、要すれば、捜査費として謝礼を支払うことが認められているということも忘れてはいけません。

Q16　目撃者から事情を聴く際の留意点は何ですか。

A16 入尾野　　　目撃者から事情を聴くに当たっては、その証言を鵜呑みにすることなく、事故態様を含めた現場の状況と目撃状況との整合性を吟味しながら、先入観を排斥し、見たままありのままの状況を目撃者から正確に引き出さなければなりません。

　そのためには、担当を決めて対応することが重要です。混乱する現場では、何人もの警察官が入れ替わり立ち替わり話を聴くことも少なくありませんが、それだと目撃者も混乱しますので、現場や事故態様を理解できている警察官を決め、その者にじっくり確認させるのです。併せて、警察官が到着する前、被害者や救急隊員等とどんな話をしたかを確認させることも重要です。被疑者はもちろんですが、被害者や目撃者等も現場で発した第一声には信憑性があると思うので、目撃証言にブレがないかの確認材料としても、その辺りの確認も忘れずに実施しなければなりません。

　また、目撃者の聴取に当たっては、聴き方によって、相手が誤解したり、先入観を持ってしまったり、あるいは、「こんな話をすれば迷惑じゃないか」などと気を遣わせてしまったりすることもあるので、まずは、目撃者の言い分をじっくり聴くこと、つまり聴き上手になることが大事です。目撃者に一通り全ての状況を話させ、それを冷静に聴き取ってから疑問点を一つずつ確認していくことが重要です。

Q17　目撃者に事情を聴いた後は、何をするのですか。

A17 入尾野　　　基本的に目撃者の証言に信憑性を認めたら、記憶が曖昧になる前に、実車等を使用した再現方式の実況見分を実施する（A36参照）など、明確に位置関係や事故状況等を特定します。

　ただ、早い段階で決めつけたりすると以後の捜査に影響が及びますので、裏付けが得られず推測の域を脱しないような目撃証言については、聴き取りだけ

にとどめ、真偽を見極めてから、後日改めて実況見分することも検討しなければなりません。そして、後日実施する場合には、忘れないよう目撃者に状況等をメモしておくように協力依頼をすることも大切です。

　また、目撃者立会いの実況見分を急ぐ余り、立会人の説明が、警察官の誘導又は強要と疑われるような内容になってしまえば元も子もないので、言動、態度にも十分留意し、確実に任意性を担保した実況見分になるよう心掛けなければなりません。

Q18　目撃者立会いの実況見分において、特に注意すべき点は何ですか。

A18　入尾野　目撃者立会いの実況見分において、特に注意すべき点は、目撃者が見たという位置から証言内容と一致する状況が本当に確認できるのかどうかです。見通しを妨げる物はなかったのか、駐車車両や通行車両があれば死角になって見えないのではないかなど、目撃の位置関係、見通し状況や視認状況等までを考慮した上で立証することが、公判対策上、重要なポイントになります。

補足　那須　実際にあった事案ですが、交差点でトラック同士がぶつかって一方の当事者が死亡した事故で、加害者の後ろを走っていたトラックの運転者が「加害者が信号を通過したとき、前方の信号は青だった」と証言したため、交差道路から交差点に進入してきた被害者側に対し、当初自賠責保険金が一切支払われず、逆に加害者側のトラック会社が損害賠償請求を起こしたのですが、後からその証言が虚偽であることが判明したことがあります。

　この事案では、被害者の遺族が現場を確認したところ、加害者が走行していた道路はかまぼこ状の高架になっており、目撃したというトラックの運転者の視点からは信号が見えなかったことが判明し、民事裁判で「証拠を検討した結果、警察調書や目撃証言には矛盾があり信用でき」ず、「相手トラック側の対面信号表示が青であったという事実は認定できない」とされました。

　まさに、今、入尾野さんから話のあったような視点で捜査を行って実況見分調書を作成していれば、民事訴訟でももつれることはなかったと思われます。

　また、青青事故（A23参照）に関しては、令和2年5月8日にも、東京高裁で、起訴後の実況見分から判断して、目撃者の位置からは信号が見えておらず、目撃者は自車直前の被害者が運転するトラックが動いたので信号が青になったと思った疑いがあり、証言に信用性はないとして、第一審判決を覆し、交差道路から当該トラックと衝突した被告人を無罪とした判決があった旨報じられています。

Q19　目撃者証言の信憑性については、どのように考えられますか。

A19 城　目撃者の供述は、例えば事故を目撃した状況などは、突然のことであっても印象に残る出来事ですから、それほど記憶違いはないと思われます。ですから、基本的には目撃者の供述は信用してよいという前提があると思います。

　例えば、運転者が誰であったかということが問題となり、無罪となった事件（大阪地岸和田支判平22.9.7（公刊物未登載））があるのですが、これなどは、目撃者の供述をないがしろにしていたが故の無罪といえると思われます。

　これはBが引き起こした酒気帯び・ひき逃げ事件だったのですが、よくあるパターンで事故後に友人Aに身代わりを頼んで出頭させたというものです。しかしながら、本件では逃走後、これを追跡してくれた目撃者がおり、この目撃者によれば、犯人が車を放置してフェンスをよじ登るのを見ており、その際の犯人の着衣等に関して、「犯人は細身、長ズボン、短髪、白シャツの男で、断じて、小太り、短パン、灰色シャツのAは運転者ではない。」と明言していたにもかかわらず、Aが犯行を認めていることから、この目撃者が見間違えたとして、Aを犯人として送致し、結局、そのまま起訴されてしまったものです。

　実際、目撃者は犯人を認識して追跡していたのであり、犯人の特徴を真剣に知覚、記憶していたと考えられるわけですから、その供述の信用性は極めて高く、かつ、詳細かつ具体的であったにもかかわらず、捜査機関が、目撃者の証

言を信用せず、安易に、犯行を認めているＡが犯人であるとして処理したところに大きな問題があったものです。

　　　　　私としても目撃者証言の重要性を否定する気は毛頭ありません。例えば、弁護側が目撃者を探し出して、「被害車両」が異常な高速度で走行していたことを明らかにして、無罪判決を勝ち取ったような事案もあります※。

　ただ、双方の当事者の主張が異なるような場合に、目撃者の証言があるから２対１だなどというような、まるで多数決で決めるような捜査では駄目で、やはり、目撃者の見間違いの可能性も考慮しつつ、十分に物証と照合した上で、証言の信憑性を確かめなければならないと思うのです。

　実際、第三者の目撃者にも見間違い等のおそれがあり、常に正しいとは限りません。他方、中立の第三者である分、捜査機関がその証言をついつい鵜呑みにしてしまう可能性というのは、被疑者の場合と比べると高くなりがちであり、十分な注意が必要だと思います。

　私自身、捜査官が事故の目撃者を現場に連れてきて確認を求めている場面を何度も見たことがありますが、中には、夜の事故だったのに、まだ明るいうちに現場に連れてきて確認を求めていた、ということもありました。何らかの事情があって、夜行うのはその目撃者にとって都合が悪かったのかもしれませんが、周囲の様子や見え方を考えれば、原則として、同じ状況下で確認を求めなければなりません。これはほんの一例ですが、とにかく、目撃者証言についても、しっかり確認すべき点は確認しなければならないということは、申し上げたいと思います。

※　高山俊吉「交通事故事件弁護学入門」（日本評論社、2008年）73頁以下。東京地判平6．1．31判時1521号153頁に係る事案

Q20 目撃者の証言を得たことによって捜査が進展し、危険運転致死傷罪が成立した事案はありますか。

A20 入尾野　交通頻繁な幹線道路を進行していた被疑者が運転する事業用中型トラックが、中央分離帯を越えて対向車線に飛び出し、対向車3台に衝突した死亡事故（1名死亡、1名重傷、1名軽傷）がありました。

　当初、被疑者も病院に搬送されていたので、治療終了を待って実況見分をしたのですが、その時の説明は、第2通行帯を先行していた大型トラックを第1通行帯から追い抜こうと加速して第1通行帯に進路変更した際、目の前に軽自動車がいたため、それとの衝突を回避するため右に急ハンドルを切ったところ車両のバランスを失って中央分離帯に激突し、対向車線に飛び出して対向車3台に次々と衝突させてしまったというものでした。私は、現場の第1通行帯から第2通行帯に掛けて、被疑者の説明を裏付ける横滑りのタイヤ痕等が印象されていたので矛盾していないと思い、何も疑うこともなく、過失運転致死傷罪の被疑者として通常逮捕して報道発表をしました。

　すると、翌日、新聞を読んだという一般人から、「あの事故は単なる事故ではない。事故を起こしたトラックは、後ろからあおってクラクションを鳴らしたり、とんでもなく悪質で危険な運転をしていた。よく調べてほしい。」などと通報があったのです。私自身、そんな事故状況等は全く頭になかったのですが、目撃者からの通報であることを踏まえ、被疑者に事実関係を確認しました。すると、通報内容にあるような運転をしたのは間違いないという供述を得たので、だったら、妨害行為の危険運転になるのではないのかと感じたのです。

　危険運転致死傷罪としての立件は困難を極め、被疑者は20日満期で処分保留のまま釈放されましたが、2年後に危険運転致死傷罪で起訴され、公判で懲役7年の実刑判決が確定しました。

城　運転者である被疑者らが、原動機付自転車に嫌がらせのため幅寄せをしたため、当該原動機付自転車が縁石に接触して転倒し、その運転者Aと同乗者Bの両名が、とも頭部に重傷を負ったという事件がありました。

当初は、大阪地検の支部が捜査したのですが、嫌疑不十分で不起訴となりました。

　事故後何年かして、被害者の親族から、嫌疑不十分で不起訴になったことについて、大阪高検に不服申立てがあったため、その事件を大阪地検交通部で再捜査しました。すると、被疑者運転車両の後方を走行していた自動車の運転者らから、被疑者らの幅寄せ行為の目撃供述を得ることができたので、それらの証拠を基にして、運転者のみならず、同乗者2名も含めて、妨害行為による危険運転致傷罪により、大阪地検交通部で逮捕しました。

　同乗者2名については、その後の準抗告により勾留が取り消されて釈放になってしまったため、走行時に運転者である被疑者の言動等や同乗者との共謀等についての証拠収集は必ずしも十分にはできなかったのですが、最終的には、運転者である被疑者による幅寄せ行為や、進行を妨害する目的等の立証は可能として起訴し、被疑者を有罪（実刑）に持ち込んだものです。

補足　那須　お二人の話のように、目撃者の証言を活かして立件した事例も多いのですが、ある県では、せっかく聞き込みで重大な目撃者証言を得たにもかかわらず、その情報が捜査主任官に伝わらずに、いたずらに捜査が長引いたという事案が、短期間に2件発生したということがありました。

　目撃者証言の取扱いについて示唆に富む事案だったように思いますし、また、本設問の趣旨とは離れますが、「不適正事案の共有の必要性」（最初の不適正事案とその反省点・再発防止策等の周知徹底を図っておけば、第二の不適正事案の発生は防止できたかもしれない。）という意味でも、留意すべき事案だと思います。

Q21 現場で目撃者として話を聴いた者が実は被疑者だったというような事案としては、どのようなものがありますか。

A21 那須　数多くありますが、ここでは2つの事例を紹介します。
　1つは、防犯カメラの捜査がきっかけとなって、真相が解

明されたものです。

　これは、高齢女性が重傷を負った事故で、乗用車によるひき逃げとの通報を受け、警察官が現場に赴くと、運転中事故を目撃したという女がいたので、警察官がその女から話を聴いて、目撃者立会いの実況見分を行い、また、その供述を基に付近のコンビニの防犯カメラを精査したのですが、その女が言うような車が写っていない。どうもおかしいということで警察署に呼び出して再聴取したところ、実はその女が被疑者だったというものでした。

　もう1つは、二重轢過事故で、加害車両に一見衝突痕がなかったものです。

　この事案では、乗用車によるひき逃げ事件との通報を受けて現場臨場したところ、バイクの運転者の男と同乗者の女がいて、交通当直員2人が話を聴いたのですが、その際、バイクには一見して衝突痕がなかったので、話を聴いた後、男が「夜も遅いので彼女を家まで送りたい。」と言うのを認めてバイクで帰宅させました。ところが、被害者の遺体を解剖した結果、路上で寝転がっていた被害者を乗用車とバイクが轢過した二重轢過事故だったことが分かりました。

　その後、男のバイクを調べに行ったところ、タイヤの溝と車底部から微量の被害者皮膚片が採取されたため、男を逮捕したのですが、男は「事故当日、現場から離れた後、コンビニ駐車場で確認したが、目立った痕もなかったので洗車しなかった。目立った痕があれば洗車したり修理していた。」と供述しており、あわや証拠が失われるところだったことが後から分かりました（ただし、車底部とタイヤを洗った証拠隠滅工作から、ひき逃げにおける人の認識を明らかにした例として、A50＜補足＞参照）。

　ともに難しい事案ではありますが、こういうこともあり得ると頭に入れた上で、現場で車両を精査するなどしていれば、より早い段階での検挙に結び付いた可能性があったと思います。

Q22　目撃者の見間違いがあったと考えられる事案としては、どのようなものがありますか。

A22 那須　目撃者の見間違いと考えられる例で広く知られているものとしては、平成7年に発生した飲酒ひき逃げ死亡事故があります※。この事件では、目撃者は、被害者のスクーターの運転者は、被疑車両（ワンボックスカー）の車体の中間部やや後方に接触して倒れたと証言しました。ワンボックスカーの運転者であった被疑者は、警察署での取調べ段階では、スクーターを追い抜く際に左前方のバックミラーに被害者の肩が触れたと供述していたのですが、その後、目撃者証言に沿うように供述を翻し、結局、地検においては、被疑車両が被害車両を追い抜くときに、被害者が誤って被疑車両の後方に接触して転倒し、被疑車両の左後輪で轢かれたと認定され、被疑者は過失がなかったものとして、業務上過失致死罪（当時）については不起訴となりました。また、被害者の遺族に対する自賠責についても、被害者側に過失があったとして、一切支払いがなされませんでした。

　しかし、この不起訴処分に対し、被害者の遺族が最高検に不服申し立てを行ったところ、事故発生後5年の公訴時効直前において、最高検は、「衝突実験の結果、被害者は加害車両の左前輪で轢過された（被害者が誤って倒れたのではなく、加害者に過失があった）」と考えられるとし、事実上、目撃者や被疑者の供述に基づいた当初の捜査にミスがあったことを認めました（ただし、「加害者を起訴するまでの確たる証拠には至らない」として、不起訴処分は維持されました。）。

　さらに、その後、事件発生から6年後の民事裁判においては、「（加害者の）供述には一貫性がなく信用でき」ず、その「主張はいずれも認めるに足りる証拠がない」のに対し、断定はできないものの、原告（遺族側）の主張どおり、被害者は「左前輪で轢かれた可能性は否定できない」と認定され、遺族の損害賠償請求が認められました。

　この事件について、上記民事裁判で遺族側が依頼した交通事故鑑定人は、当初の捜査に関し、「轢過状況の実況見分」は「走行する車両の側面から前後輪間を狙って低い位置から水平に模擬人体を投げ入れる（実態無視）等、被疑者の虚構を裏付けする形で」行われただけであって、「実験で、そのような状態

が起こり得るか、等の見方を変えた検証は一切行われていない」、「加害車両の左前角部の前面及び側面に被害車両の形状に対応し得る部分（注；損傷のこと）があり、かつ、それ以外には整合箇所は見当たらない」にもかかわらず、それを見落としたなどの鑑定書を作成しています。

　簡単に言ってしまえば、目撃者証言に引きずられてしまってその見間違いの可能性を追求しなかった、車両の損傷の捜査が十分でなかった、ということだと思われます。

※　前掲・柳原「交通事故鑑定人―鑑定歴五〇年・駒沢幹也の事件ファイル―」140頁以下等

Q23　物証捜査によって目撃者の見間違いが明らかになることは、どのような事件で目立ちますか。

A23　一概には言えませんが、青青事故、つまり交通事故の当事者双方が自分の対面信号が青色であったと主張するような事故においては、信号サイクル等（34頁以下参照）によって目撃者の見間違い等が明らかになるような場合が見られます。

　例えば、次のような事案があります。

①　東京地判昭49.11.28交民10巻2号315頁

　平日の午後1時前に、甲交差点で、被告人Xが運転するトレーラーと交差方向から進行してきた被害車両のダンプカーが衝突して被害車両の運転者（被害者）Aが負傷し、XとAの双方が対面信号が青色であったと主張していた事案で、A及び目撃者Bの証言が退けられて被告人車両の対面信号が青色であったと認められ、Xの過失責任が否定されました。

　この事案においては、事故直前、被告人Xは乙交差点を信号待ちすることなく左折し、乙交差点の136.8m先にある甲交差点に向けて時速約45km（秒速約12.5m）で走行していました。その進行方向に係る甲交差点の信号（甲1）は青28秒、黄3秒、赤36秒の1サイクル67秒で、同一方向に係る乙交差点の信号（乙1）は青31.5秒、黄4秒、赤31.5秒でした。さらに、乙1は甲1より4秒早く青を表示していました（次図参照）。

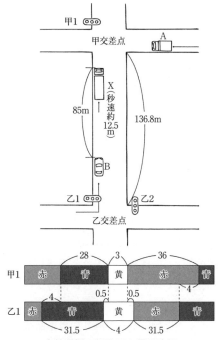

事故現場の見取図と信号表示

　検察側は、「被告人は、甲交差点の手前約67mかその手前で青色信号を見たものの、その後信号を見ることなく進行し、交差点手前で赤色信号に気づき急ブレーキを踏んだが間に合わなかった」と主張しました。また、目撃者であり、検察側証人である被告人車両の後続車両の運転者Bは、「（被告人車両に続いて）乙交差点を左折後、被告人車両から約85m（約7秒）遅れで甲交差点に向かって直進していたときに甲交差点の対面信号が黄から赤に変わり、その後衝突事故が起きた」旨証言しました。

　しかしながら、もし、被告人XとBが乙交差点で信号（乙2）の青色表示に従って左折したとすれば、左折直後の乙交差点の対面表示信号（乙1）は当然赤色であることから、そのときの甲交差点の対面表示信号（甲1）は、図からも明らかなとおり、赤色となります。そして、乙交差点を左折後、時速約45㎞（秒速約12.5m）で甲交差点に向かえば、約11秒後に甲交差点に到達しますが、その間に甲1が赤色から青色に変わることはあっても、Bの言うように黄色から赤色に変わることはあり得ないのです。

　公判では、裁判官は、「もし、検察官やBの言うような信号表示があり得るとすれば、それは、被告人及びBが、いずれも乙交差点で信号（乙2）の赤色表示を無視して左折をした場合であるが、本件事故発生の時刻に大型トレーラーが信号機を次々と無視看過することが左程にありうるとも思われず、まして、2台もの車が次々と信号規制に反して交差点を左折して走行すること自体極めて異常なことであり、かような事態に導く供述の証明力をこそ問題とすべきであると考える」とし、結局、「主観的印象に基く供述にのみ多く依存し過ぎることは極めて危険であり」、「動かし難い客観性を保持する信号サイクル」等を踏まえて、被告人を無罪としました。

② 　大阪高判昭46．8．17刑月3巻8号1064頁

　青青事故に関し、大学生の歩行者（目撃者）が、「赤信号のため交差点北詰に立ち止まっていたところ、前方から（対向進行してきた）自転車が交差点に入り、西方から高速で進行してきた被告人車と衝突した。私はそれを見て恐ろしくなり、少し目をそらせていて前を見ると、信号は青に変わっていた。それは衝突1、2秒後だったと思う。それで私は急いでお風呂に行こうとかけ足のように小走りで交差点を南に渡ったが、渡り切る手前位で信号が黄色に変わった。私なりに判断すると、自転車は赤信号で交差点に入ったことに間違いないが、衝突時にはもう青信号に変わっていたものと思われる」旨供述しました。

　しかしながら、判決では、「大学生の小走りの速度は経験則上時速約10km（秒速約2.8m）で、車道の幅員が約17mなので、約6秒で横断は可能であるところ、目撃者の証言どおりであれば、目撃者は南北の信号が青に変わって約8秒後に横断し終わったことになるが、南北の信号のサイクル上、青は17秒であるので、まだ青信号の時間は10秒余あり、目撃者の言うような経過で信号が黄色になることはない」旨判示されました。

　その上で、「目撃者は、『衝突したとき、びっくりして目を覆ったと思うが、すぐ左の方を見ると、ガラスの破片が雪が降るように落ちるのが美しく見えた。はねた車はそのまま止まらずに東の方に走り去っていった』旨の供述もしたが、こちらの供述の経過の方が自然であり、目撃者はしばらく事故の推移を見ていて前方の信号を見ると青になっていたので急いで横断したとみるのが相当である」などとされ、衝突時に対面信号は青であったとの証言の信用性が否定されました。

　ただ、今のような 2 つの例を挙げたからといって、青青事故で目撃者の証言が意味がないなどと言う気は全くありません。今私が挙げた例は、たまたま信号サイクル等から目撃者証言を否定できただけで、常に信号サイクル等から立証できるかとなると、そんなことはなく、目撃者証言が真相解明のために決定的な意味を持つことも多々あるということは、申し上げたいと思います。

　なお、信号サイクル等については、時間帯や平日・休日等で変わったりしますし、また、事故後に変わること等もあるので、関係課に連絡を取った上で、事故時の信号サイクル等について速やかに確認することが必要だと思います。

　　　　　　　　　　信号サイクル等が問題とされて、目撃者が真実を供述しているとみられるにもかかわらず無罪とされたと思われる青青事故の事例もあります。

　これは、目撃者が被疑車両の進行方向の信号機が赤色であったと供述してくれたため、どちらが赤色無視をしたのかが判明し、起訴に至った事案です。このような事案では、その事故の目撃状況に不自然なところがなければ、その目撃供述の信用性は非常に高いといえるにもかかわらず、その法廷での証言が信用できないとされたものです。

　まず、その証言の内容は、この目撃者は、被疑者と同じ方向を走行してきており、事故現場の 2 つ前の信号機で赤色で停止した後、青色に変わったので発進し、事故現場に到達した際には、事故現場の信号機は赤色であったから停止したものの、同じ方向を走っていた被疑者が止まらずに進行して事故が起きたというものでした。

　この証言内容にはどこにもおかしなところはありません。それでも無罪にされたのは、目撃者の供述どおりでは信号サイクルが合わなくなるという理由でした。確かに捜査段階で、2 つ前の信号機が赤色であった場合、通常の速度で進行したら事故現場では信号機が何色になるかを検証しておくべきであったとは思います。この点が不十分であったのでしょう。したがって、目撃者が赤色で停止した 2 つ前の交差点は、実は 3 つ前であったかもしれません。この点の確認を怠っていたのは不十分であると言わざるを得ないかもしれません。しかしながら、目撃者の上記証言内容は極めて自然で虚偽であるはずがないもので

す。

　このように、証言内容の一部に間違いがあったとしても、少なくとも被疑者の進路の信号機が赤色を表示していたのは直接見ているのですから、その信用性を否定する裁判所の判断は誤りであるといっていいと思います。

<参　考>信号のサイクル、スプリット、オフセット

　信号表示の基本として、信号のサイクル、スプリット、オフセットがあります。

　サイクルとは青→黄→赤又はこれに変わる一連の信号表示が一巡する時間をいい、スプリットとは1サイクルのうち、主道路側と従道路側に割り当てられる信号の青時間配分の割合をいいます（例えば、主道路側60％、従道路側40％のように割り振ります。）。

　また、オフセットとは、道路を走る車がなるべく信号により停止することなく、各交差点をスムーズに通過できるよう隣接する交差点同士の青信号開始時間のずれをいいます（サイクル及びオフセットについては、A23の図の甲1及び乙1の信号表示参照）。

　次図は、オフセットの例として、オフセットを設定する理由を表すものです。次図のA交差点を通過したa車は、一定の速度で通行すればB、C、D交差点の対面信号機が次々と青色信号になるのでノンストップで通過することができます。これに対し、b車のようにスピードを上げて走行しても、B交差点、D交差点で対面信号機が赤色信号になってしまうために、結局D交差点を通過する時間は、ほとんど変わりません。

　このようにオフセットは、スピードを出し過ぎる高速車のスピードを抑止するとともに、自動車を一定速度による走行に導き、交通の安全と円滑を実現するという目的があるのです。

　もちろん、この場合、各交差点の信号のサイクルの連動性がなければなりませんし、交差道路の交通を考えれば、スプリットをどうするかが問題となります。

　なお、注意しなければならないのは、サイクル、スプリット及びオフセットは常に一定とは限らないということです。ごく大ざっぱに見ても、例えば、一日のうち朝夕の渋滞時・日中の平常時・夜間の閑散時、あるいは平日と週末の

ようにはっきりした交通流の違いがある場合に、数通りのサイクル等のパターンをあらかじめ設定しておき、これを時間帯によってタイマーで切り替えるプログラム多段式や、車両感知器から得られた交通量に応じて青時間の長さ等を決める感応式等様々な信号制御の方式があるのです。

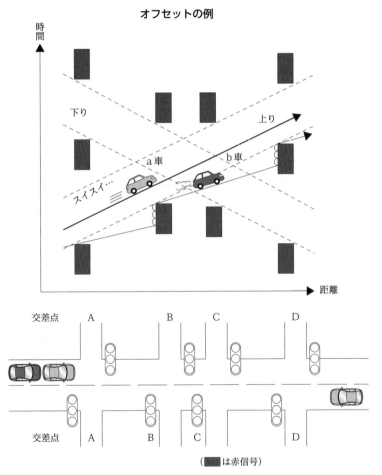

オフセットの例

（███は赤信号）

　一方、隣接する交差点の同一方向の信号機の表示であっても、連動していない場合もあります。この点、隣接交差点の信号表示について連動性がないにもかかわらず、警察の取調べにおいて、これをあるものとして追及がなされた結果、被告人の自供がなされた疑いがあるとして、業務上過失致死傷罪（当時）について、無罪判決が下された例もあります（横浜地判平16．1．22判タ1157号

290頁）。

Q24 一方当事者が目撃者を仕立て上げたような事案はありますか。

A24　　直接、私が経験した事案ではありませんが、信号無視による交通死亡事故で亡くなった運転者の遺族が、死者に有利となるように目撃者を仕立て上げたという事案がありました。警察は、その目撃証言を全面的に信用し、死者の対面信号が青色だったと事実をまとめて送致しましたが、検事調べにおいて、その目撃者証言は不合理でつじつまが合わないなどとの指摘を受け、一から捜査をやり直した結果、死者の信号無視が原因であった事実が特定され、送致事実の事実誤認が判明したというものでした。

　事案の概要は、信号機により交通整理の行われている十字路交差点で、普通乗用車とタンクローリーが出会い頭に衝突し、普通乗用車の運転者が死亡したものです。今から15年以上も前のことですので、現場付近には防犯カメラはなく、車両にもドライブレコーダーの搭載はありませんでした。事実の認定に当たっては、当時、普通乗用車の後方を進行していた目撃者Aがいて、前を走る普通乗用車が赤信号を無視したとの証言を得ていたのですが、その後続車が目撃した位置が、現場から離れていて、そこからでは信号表示を特定するのは困難で曖昧だと判断し、その目撃状況を決め手とすることができないまま捜査は頓挫してしまいました。最終的に、青色信号を主張するタンクローリーの運転者供述のほかに事実を決定づける客観的証拠が得られないまま月日が経過しました。

　そんな時、現場の看板を見て出頭したという新たな目撃者Bが現れたのです。警察としては苦しい捜査状況でしたので、Bに感謝し、その話を全面的に信用して実況見分を実施し取調べも実施しました。内容は、言うまでもなく、普通乗用車が青信号で交差点に進入し、赤色信号を無視して交差点に入ってきたタンクローリーに衝突されたという状況でした。事件担当の警察官は、このB証言に何ら疑問を持つことなく、タンクローリー運転者の信号無視による事故と事実を認定し、被疑者否認のまま在宅送致したわけです。

　これに対し、事件を受理した担当検事は、信号無視による死亡事故の否認事件でしたので慎重に捜査を進め、事故発生当初から一貫して青色を主張するタンクローリー運転者の供述及び普通乗用車の信号無視を主張した後続車の運転者であるAの供述と、警察が事実認定した目撃者Bの説明内容等との整合性を図り、Bの検事取調べにおいて矛盾点を追及した結果、つじつまが合わなくなったBが観念し、遺族に頼まれて目撃者を装ったと自供し、警察への説明は全て作り話であったというものでした。

　結局、捜査のやり直しの結果、タンクローリーの運転者が一貫して説明したとおり、死亡した普通乗用車の方が信号無視であった事実が特定されたのです。

Q25　防犯カメラ等の画像の収集等の際の留意点は何ですか。

A25　1つ目は、迅速かつ確実に画像を収集することです。

　人の記憶は時間の経過とともに薄れますが、防犯カメラやドライブレコーダーの画像にも保存期間があり、時間の経過によって上書き保存されるなど画像データが消滅するケースもあるので、まずは、時期を失することなく、いち早く確実に押収することが一番です。そして、押収するに当たっては、防犯カメラ等の画像上の時間と正規な時間との誤差を確認することを忘れてはいけません。また、任意性を担保した適正かつ妥当な押収の「手続」にも配意しなければならないのは当然です。

　2つ目は、事故態様等に応じ、被疑者や被害者の前足・後足経路等の沿線の防犯カメラの画像も、確認して押さえることです。

　仮に、事故現場が写っていない画像であっても、沿線各所の画像をつなげることによって、事故前後の走行状態や行動等が裏付けられ、十分な証拠になり得る場合もあるので、周辺に設置された防犯カメラについて、広く、確実に画像を確認する必要があります。

　例えば、信号絡みの事故であれば、事故発生の正確な時間（何時何分何秒）が特定できれば、事故発生時の信号表示が特定できますので、コンビニ店内し

か写っていない画像であっても、衝突音で客や店員が現場の方を振り向く仕草が分かれば、事故発生時間を特定することが可能です。また、建物の壁や路面に反射する光の具合で、信号の色が特定できることもあります。

　なお、防犯カメラ等の捜査に関しては、担当する捜査員個々の捜査センス（意識）によるところが大きいので、確実に実施させるには、防犯カメラ等の画像を押収することによって得られる事件立証上の効果（客観的証拠）を、あらかじめ、捜査員個々に理解させることが必要です。

　　　　　　　夜間、被害者が意識不明になった事故で、当初被疑車両の
補足　那須　運転者が対面信号が青色だったと主張し、この主張を覆す証拠が見つからなかったのですが、その後、昼間にもう一度現場付近を精査したところ、発生直後には発見できなかった事故現場付近の駐車場の陰にあった防犯カメラが見つかって、被疑者の供述が虚偽であったことが明らかになったというケースがあります。

　暗いうちは見つからなかったものが、明るくなってから見つかるということもあるので、防犯カメラの設置場所等についても、こうした観点で再捜査することが必要です。

Q26　防犯カメラに映った当事車両とは別と思われる車両の捜査は、なぜ重要なのですか。

A26　入尾野　事故現場にいた当事車両以外の車両の捜査は、目撃者探しという観点から極めて重要です。

　さらに、例えば、ひき逃げ事件であれば、仮に通行車両の運転者が直接事故を目撃していない場合であっても、その車にドライブレコーダーが搭載されていれば、逃走途中の被疑車両とすれ違ったことが明らかになるかもしれませんし、状態犯たる危険運転致死傷罪であれば、事故前にすれ違った被疑車両の走行状態から運転困難な状態にあったことが立証できるかもしれません。

　その意味で、今やドライブレコーダーは「動く防犯カメラ」ともいえるもので、例えば、目撃者探しの定時車両検問でも、事故を目撃したか否かに加え、

ドライブレコーダー搭載の有無を確認することが必要とされているのですが、防犯カメラに映った当事車両以外の車両を捜査する場合でも、やはり、ドライブレコーダー搭載の有無を確認することが必要です。特に、公共交通機関のバスやタクシー、さらには、事業用トラック等についてはドライブレコーダーの搭載率は高いので、防犯カメラの画像から、バスやタクシー、トラックを特定する意義は大きいと思われます。

Q27　防犯カメラ等の捜査に係る捜査報告書で明らかにすべき事柄としては何がありますか。

A27 　様々なものがありますが、特に重要なものとして、次の３つが挙げられます。

① 時間の正誤に関して、画像上の時間と携帯電話等に表示された正規の時間が分かるように並べて写真撮影して誤差を明確にすること。

② 防犯カメラであれば、カメラの設置場所や録画機器設置場所はもちろん、立会人を置いて外部記録媒体への複写状況を明確にすること。

③ ドライブレコーダーであれば、搭載された車と提供者を並べた外観写真から車内ドライブレコーダーの搭載場所、メモリーカード挿入箇所と取り出し状況等に至るまで、提供者に一連の経過を指差しをさせて写真撮影し、改ざんのないことと任意性を明確にすること。

Q28　防犯カメラ等の画像から速度を算出する際の留意点は何ですか。

A28　防犯カメラの画像から速度を算出する必要がある事故の場合は、画像データの押収時、提供者側に、「録画機器本体に画像の保存を依頼する」ことを忘れてはいけません。

その理由は、コンビニ等の防犯カメラの画像データを外部記録媒体に複写し提供する場合、画像そのものが圧縮されているケースがあり、圧縮されたデー

タからでは、正確な速度算出ができない可能性があるからです。ですから、速度鑑定が必要な事故態様の場合には、画像提供者側にデータの保存を依頼した上で、早急に交通鑑識班又は科捜研に画像を確認してもらうなど相談して判断を仰ぐ必要があります。

補▌足　村井　速度鑑定のために録画機器本体に記録されているオリジナルのデータを確保するということですね。防犯カメラの捜査自体は他部門でも当然やっているわけですが、交通ならではの視点もあるということだと思います。

Q29 防犯カメラ等の捜査に係る効果的な活用例及び危うく活用し損ねそうになった例としては、それぞれどのようなものがありますか。

A29 入尾野　効果的な活用例としては、殊更赤色信号無視の危険運転致死事件で、被疑車両が交差点に進入する前にブレーキランプが点灯し、その後加速した状況を写した防犯カメラの画像により、否認する被疑者の故意性を立証したこと、及び自動車運転死傷処罰法2条1号のアルコール影響下の危険運転致死事件で、沿線の防犯カメラに写された中央線を越えて走行していた被疑車両の姿等から「正常な運転が困難な状態」であったことを立証したこと等があります。また、ドライブレコーダー関係でも、死亡ひき逃げの被疑者と逃走途中すれ違った対向車のドライブレコーダーから被疑車両を特定して被疑者の検挙につなげたこと等、多くの好事例があります。

　危うく活用し損ねそうになった例としては、早朝、飲食店街で、飲酒により仮眠状態に陥った被疑者が止まっていた車両に衝突したのですが、現場付近に防犯カメラが設置されていたのに、その画像を確認することなく、被害車両に乗っていたという2人の申立てを信用し、飲酒検知を拒否して逃走しようとした被疑者を過失運転致傷罪で現行犯逮捕してしまった事案があります。この事案では、逮捕後に防犯カメラを確認したところ、車両衝突時、被害に遭ったと主張する2人を含め、誰も被害車両に乗車していなかった事実が判明したため、直ちに被疑者を釈放しました。最終的には、被害者を装った2人を虚偽告

訴罪と詐欺罪で通常逮捕し、釈放した被疑者は、防犯カメラを解析し、道路左側端に車両を停止させた日時をもって酒気帯び運転として立件し在宅送致しましたが、もし防犯カメラの画像を確認しないままであったらと思うとゾッとする事案でした。

第4章　運転者の特定

Q30　事故現場における運転者の特定のための基本は何ですか。

A30　入尾野　かつて、千葉地検交通部長検事による講義の中で、交通事故事件捜査に携わる現場の警察官が陥りやすい傾向として、「事故を起こした車両の特定と犯人性を混同し、車両の特定と自白があれば、これを鵜呑みにして犯人性等についての問題意識を持たない傾向が強い」という指摘を受けたことがありました。

　犯人性の認定は捜査の基本ですが、特に、身柄を取る場合やひき逃げ事件等以外の交通事故では、事故現場に到着後、「事故の当事者はいませんか。」と声を掛け、「はい、私です。」と名乗ってきた人に、「あなたが運転手さんですか。」と再確認して、「はい、そうです。私があの車を運転して事故を起こしました。」などと被疑車両を指して自認さえすれば、現場にいる被害者や目撃者等に、「あの人が事故を起こした人で間違いないですか。」などと確認を取らないことも、ままあるように見受けられます。

　やはり、仮に、本人が被疑者だと申し出たとしても、現場の状況と本人の説明内容との整合性を図り、被害者や目撃者が現場にいる場合には、必ず、犯人性についての確認を行ってから被疑者を特定することが、また、同乗者がいた場合には、身代わりの可能性も否定できないので、防犯カメラ捜査はもちろん、通報者・目撃者・救急隊員等から確認するとともに、被疑車両の運転席の位置関係も確認し、本人等を乗車させるなどして特定することが必要です。

　那須　運転者の特定のための現場鑑識と言ってもやはりある程度時間がかかります。ハンドルの指紋やペダルの足跡にしてもそうそうきれいに取れるわけでもありませんし、座席の髪の毛や繊維片から運転者を明らかにするのも簡単ではありません。また、途中で運転を交代している場合もあり、迅速な判断が求められる現場での苦労は大きいと思います。

　ただ、困難な中でも、防止できるミスが存在するのも事実です。実際、被疑

車両の同乗者を分離して話を聞くべきところ、現場に到着した警察官の人数が少ないためになかなか基本を徹底できずに通謀を許してしまったり、目撃者を十分に捜さずに身柄を取ってしまって後から大変なことになったりした事案がありました。

　やはり、難しい中でも、被害者、被疑車両の運転者・同乗者等当事者一人ひとりに対する適正な事情聴取、目撃者の確保、周辺の防犯ビデオ、付近の駐車車両等も含めたドライブレコーダー等の映像の有無の確認、自動車内等における微物その他の物証の採取等の基本を可能な限り徹底することが重要です。そして、こうした措置によって防止できる不適正捜査は決して少なくないと思います。

　補足　那須　実際にあった事案ですが、交通事故現場に野次馬が多数集まっている中、車の近くにいた男女のうち、女が「自分が運転していた。」と言ったため、現行犯逮捕し、交番に連れていったところ、現場保存中の別の警察官に対し、目撃者が「女性を連れていったが、運転していたのは男だ。」と言いにきて、誤認逮捕が明らかになったということがありました。

　目撃者探し等が不足していた典型的な事案だと思います。

　補足　城　私は、大阪地検交通部長のとき、既に起訴されていた事件ではありますが、事故を起こした車両の運転者が父親なのか、同乗していた子供（少年）なのかが問題となった事件に関与しました。確か、父親が仮釈放中か何かだったので、子供が身代わりになったものの、逆送されて子供も起訴され実刑のおそれが出てきたので、公判中に「本当は父親が犯人だ。」と言って出たような事件だったと思います。

　その際も、どちらが本当に運転していたのかの判断ではすごく悩みました。公判部も含めてみんなで検討して、最終的には、実際に父親が運転していたとして、子供の公判の控訴を取り消すなどして、父親を起訴しました。もっとも、子供は犯人隠避で起訴されましたが。

　ただ、その際に証拠を検討しましたところ、

　　　　被害者は「父親が運転していた。」と当初から言っていた

のです。

　捜査の現場で、

　　　　　自分で犯人だと言っている人間を被疑者として扱うという安易な処理
　　　に流れていなかったか

と懸念される事件でした。

　この事件に関与した際、やはり事故直後に現場での被害者による運転者の目
撃状況、運転席から降りてきた際の状況等がどれだけ正確に証拠化されている
かなど、初期段階での捜査結果が重要になると思いました。

Q31　　　　運転者の特定に関し、身代わりのおそれが相対的に高いケースと
しては、どのようなものがありますか。

A31 入尾野　　　　身代わりのおそれが相対的に高いケースとしては、
　　　①　同乗者がいる場合
　②　事故発生から警察官の現場臨場まで時間が経過している場合
　③　被疑者が自首又は一旦立ち去って現場に戻ってきた場合
等があります。

　こうした場合には、被疑車両のエアバッグが作動していれば、必ず DNA 型
鑑定を実施して、客観的に犯人性を立証しておくことが重要です。

　特に、公判請求が予想される重大特異事案（特に危険運転致死傷罪を適用す
る事案）等の場合には、運転者が特定されたとしても、同乗者がいるとき等
は、公判での供述変遷防止のため、DNA 型鑑定だけは、犯人性の立証として
使う使わないは別として、実施しておく必要があります。

第 5 章　実況見分と写真撮影

Q32　交通捜査における実況見分に臨む心構えとしては、どのようなものが求められますか。

A32　入尾野　交通事故捜査の実況見分は、新しく交通捜査に従事することになった警察官にとっては高いハードルですが、このノウハウをしっかりと覚え、身に付けていかなければならないのが交通警察官です。まして、交通事故は、事故態様が様々で、現場の道路状況、周囲の環境、天候等によっても過失の認定に影響が出るわけですから、この点を理解し、様々な角度から考え、実況見分に当たらなければなりません。

　また、遺留物はもちろんですが、事故現場の痕跡も、発生直後に収集しなければ、散逸、劣化してしまいます。後日収集することは基本的にはできません。仮にできたとしても、本件事故時に印象された痕跡であるかどうか客観的な立証が必要となり、結果、余分な捜査負担が生じてしまいます。そのため、初動捜査、つまり、発生時の実況見分は交通事故捜査の命であり、失敗は致命的になるということを肝に銘じて現場に臨まなければなりません。

Q33　事故が次々と発生して、十分な時間をかけて実況見分を実施することができないようなときは、どうすればよいのですか。

A33　那須　たとえ短時間で実況見分を行わなければならないような場合であっても、最低限、これだけは事故後すぐにやらなければならない（後日では証拠の収集等が困難）というポイントがあります（事故現場の遺留物や痕跡等。Ａ１参照）。

　そのため、こうしたポイントを現場に赴く捜査員が日頃から頭に入れておき、現場において確実にそれを実践する、又は幹部は日頃から指導を徹底するとともに、現場から戻った捜査員を迎える際に常に当該ポイントの実施状況を確認するということが重要です。

Q34　立証三原則とは何ですか。また、その注意事項としては、どのようなことがありますか。

A34　那須　交通事故現場においては、その証拠となる資料の発見・採取を行いますが、その際、証拠の証明力を確保するために必要な措置である次の3つの措置を「立証三原則」といいます。

①　立会人の確保

②　写真撮影

③　関係書類への記録

この①～③のそれぞれについての注意事項は、次のとおりです。

①　立会人の確保

ⅰ　警察職員以外の立会人を求め、資料の存在状態から検出、採取、保存措置等の一連の経過を確認してもらいます。

ⅱ　立会人に対しては、何に対する立会いかをその都度説明します。資料採取に当たっては、「フロントガラスに付着している毛髪をピンセットで採取する」のように、何をどのような方法で採取するのかを説明します。

②　写真撮影

ⅰ　原則として、被写体の撮影面に対して垂直にカメラを構え（正対し）て撮影します。

ⅱ　資料の採取に先立ち、必要に応じ記号や番号を付した上で、資料を指し示す立会人（画面に入らないときは立会人が自署した立会人票）を入れ、資料の存在状態を写真撮影します。

微物については、立会人がルーペ等で確認している状況を撮影します。

一方、不必要な人物、器材等は画面に入れないようにします。

ⅲ　資料の存在状況を撮影します。現場の痕跡、路上遺留物等大きさを明示する必要のある物については、スケール等を添えて撮影します。

ⅳ　採取者が資料を採取しているところを立会人が確認している状況を撮影します。

ⅴ　採取した資料をビニール袋等に入れて封印等を施し、立会人がその状況を確認している様子を撮影します。

③　関係書類への記録

ⅰ　資料については、押収困難なものを除き、証拠価値が明らかでないもの
も含めて、原則として、直ちに差押え、任意提出、又は遺留留置の手続に
より押収し、証拠物件化します。

その際には、実況見分（検証）調書、領置調書（任意提出物は領置調書
(甲)、遺留物は領置調書（乙))、現場資料採取報告書等を作成し、経緯を
明らかにします。

また、資料の採取箇所等を実測し、見取図を作成します。

ⅱ　資料を撮影した写真を関係書類に添付する場合には、撮影者の官職・氏
名、撮影年月日を明記するとともに、写真台紙に貼付し、余白に説明を加
え、写真台紙と写真を契印します。

また、写真台紙同士、関係書類と写真台紙の契印も行います。

Q35　事故発生現場の実況見分における留意点は何ですか。

A35 入尾野　　事故発生現場の実況見分に当たっては、現場痕跡関係はも
ちろん、この事故態様の過失は何になるのかをしっかりと考
え、その過失を立証するためには、どのような実況見分が必要になってくるの
か、例えば、現場の見通し関係はもちろん、発見遅滞の飛び出し事故等であれ
ば、発見可能地点（P点。A37参照）等の特定等を常に念頭に置いて実況見分
をしなければなりません。

ただ、現場の見方を理解できたとしても、今度は、その内容や現場の状況を
実況見分調書に正確に還元できなければ何の意味もないので、自分で見た状況
を確実に伝えるという気持ちを込め、見て分かりやすく、かつ、客観性と正確
性を兼ね備えた実況見分調書を作成することが重要です。

ややもすれば、現場に臨場した警察官は、現場の位置関係や現場の状況を自
分の目で見ていますので、自分本位に作成しがちですが、検察官や裁判官は実
際に現場を見ることなく、警察官が作成した実況見分調書などの記録を見て、
現場や事故状況をイメージし、過失の有無や内容を判断するわけなので、常に
見る側の立場に立って丁寧かつ分かりやすい書類の作成を心掛け、内容につい

ては、「現場を正確に認識した上で実施した見分結果を正確に記載した」という真実性を担保したものでなければなりません。

　特に、交通事故現場見取図の場合には、事故態様や現場の状況等に応じて縮尺を変更するなどして、より見やすく分かりやすく、それでいて幅員や距離関係などは正確に記載することが一番となってきますので、現場写真と組み合わせながら創意工夫することも必要です。

　この実況見分調書は、説明するまでもなく検証調書と同様に刑訴法321条3項の書面として取り扱われるものなので、公判請求が予想されるような重大特異事案の現場における実況見分については、任意性を担保しながら客観性と正確性に十分留意し、公判への証人出廷を見据えた実況見分調書の作成に努めなければなりません。

　（補）（足）　那須　　実況見分のうち、現場見取図は特に重要と思われますが、時折、何が捜査のポイントなのかがつかめていないように思えるものもあります。

　例えば、交差点内における事故なのに、交差点の外の道路形状について非常に詳細に描いているものがあります。もちろん、それが見通し等に影響を与えるものであればそこまで描く必要があるのですが、特にそういう事情がないような場合には、縮尺をもっと大きくして、交差点内の事故現場を分かりやすく描くことを考えてもよいと思います。縮尺については、例えば、特例書式の交通事故現場見取図では、左下の注意事項に、「1／200を原則とする」と明記されていますが、その直後に「事案に応じ適宜変更することは差し支えない。」とも明記されています。そして、時として、どのような場合に縮尺を「適宜変更する」必要があるのかという判断に、捜査のポイントがつかめているか否かが現れるような場合もあると思います。

Q36　「実車使用による再現方式の実況見分」の意義を教えてください。

A36（入尾野）　実況見分は、発生時間帯に現場道路で実施するのを基本とし、また、「実車使用による再現方式の実況見分」として、模擬被疑車両や模擬被害車両等も、同種・同型・同色を確保して行います。さらに、目撃者が車の運転者であれば、当時の車を用意してもらうなど、同じ条件を再現して実施しなければ意味がありません。

　「実車使用による再現方式の実況見分」のメリットは、被害者や目撃者が見た当時の状況を本人の説明等に基づいて再現するものなので、本人の記憶がよみがえるほか、リアルに当時の状況が立証できるところです（A38参照）。

　そして、実車を使用して各車両等の位置関係を特定したら、車内からの視認状況を含む平面からの写真と、高所からの全体の位置関係が分かる写真を撮影します。高所からの写真があれば、現場を知らない検察官や裁判官にも位置関係がよく分かります。車内からの視認状況を含む平面からの写真があれば、公判等で弁護側が「速度と距離関係が合わない。警察官の誘導では。」などと主張しても、被害者や目撃者による「私が見たままの状況を再現してもらったもので、この状況に間違いない。」などの反論が可能となり、併せて、見分官による強要も誘導もなかったという警察捜査の任意性も担保できます。

（補）（足）（那須）　「実車使用による再現方式の実況見分」は、P点とP'点の特定という観点からは、極めて重要ですね。

Q37　P点、P'点とは何ですか。実況見分調書においてこれらを明らかにする意義は何ですか。

A37（那須）　被害者発見が可能となった時点における運転者の位置（運転席）をP点、その時の被害者の位置をP'点といいます。

　なぜ、これらが重要かと言えば、そもそも過失犯の成立のためには、予見可能性又は結果回避可能性のいずれかが存在しなければなりません。

　そして、例えば、よそ見をして運転していたら、物陰から急に歩行者が飛び出してきてぶつかってしまったような事故においては、もしよそ見をしていなかったら歩行者を発見できたであろう運転者の位置がP点、その時の歩行者の位置がP'点となりますが、運転者がP点にあるときの当該車両の先端地点と衝突地点との間の距離が停止距離（運転者が危険を感じてブレーキ操作を行う決心をしてから自動車が停止するまでの距離）よりも短ければ、結果回避可能性が否定されてしまいます。そうなると、あとは飛び出しの予見可能性が否定されれば、そのまま過失運転致死傷罪が成立しないこととなってしまうのです。

　ですから、実況見分調書において、P点を明らかにし、運転者がP点にあるときの当該車両の先端地点と衝突地点との間の距離が停止距離よりも長いことを明らかにすることは不可欠ですし、P点を特定するためには、P'点の特定が非常に重要なのです。

　もちろん、被疑者が衝突直前で被害者を発見して、被害者が死亡したような場合は、被害者の「前足」（現場に至るまでの足取り）が分からず、実況見分でP点とP'点を明らかにすることが難しい場合が多々あるのですが、そうした場合には、目撃者捜査や防犯カメラ、さらには周辺の車のドライブレコーダーの有無の捜査等様々な捜査を尽くして、事故直前の被害者の足取りを明らかにする必要があります。そして、少なくとも、いわゆる「飛び出し」事故で、被害者が健在であるにもかかわらず、P点、P'点が全く分からないという捜査では困るのです。

　ちなみに、私が警察大学校で教えていたとき、上記の事故例を出して、「脇見運転をして事故を起こしても、P点と衝突地点との間の距離いかんでは、過失運転致死傷罪が成立しないことがあるのですよ。」と言うと、捜査経験のない学生からだと思うのですが、毎回、「ええっ」という驚きと不満の入り混じった声が上がりました。

　「脇見運転をして人身事故を起こしながら過失運転致死傷罪に問われないなんてけしからん。」ということかもしれませんが、過失運転致死傷罪は「けしからん罪」ではない。あくまで過失犯としてその成否を厳正に見極めないといけません。そして、今申し上げたように、P点とP'点の特定が過失の成否の核心となるような場合には、実況見分によってその特定を行う必要があるのです。

Q38　　P点とP'点の特定が不十分で、無罪となってしまったような事案はありますか。

A38 那須　　被害者の幼児の飛び出しが原因とも考えられる事故であったにもかかわらず、被疑者が衝突前から被害者の姿が見えていたと供述していたことから油断し、実況見分調書作成に当たって、事故当時の幼児の体勢やその身長を考慮せず、被疑者の見通しについては車両に乗車させずに路面に立たせたまま確認し、かつ、死角を作った駐車車両の位置が不正確であったことから、結果として、公判に入ってから捜査段階における供述を翻して幼児が死角から飛び出してきたと主張し始めた被告人の弁解を崩せず、無罪となったという事案があります。これなどは、P点とP'点の特定が不十分で、無罪となってしまったような事案の典型（併せて、A36の「実車使用による再現方式の実況見分」の必要性を改めて認識させる事案）と言えます。

　また、夜間における歩行者との事故でも、実況見分を昼間にやって被害者発見可能地点（P点）が問題になった事案（無罪）もありました。

　これらの事案からも明らかなように、実況見分に当たっては、被疑者が自供しているか否かにかかわらず、何が争点となるのかを十分考えながら、発生した事故事件と同じような状況を再現して行う必要があるのです。

補足 城　　中央分離帯の茂みの間から飛び出した被害者の発見可能性に関して、その飛び出しを見てから、被告人である運転者が急ブレーキによって事故を回避することが可能であったかどうかが問題となった事案がありました。

　この事案では、実況見分時に警察官を被害者役にして写真撮影をしたのですが、写真撮影された被害者役の警察官の立っている位置が茂みから出るところではなく、中央分離帯を降りたところだったので、それでは発見遅滞を検証することはできないとして、まあこれだけが理由ではないのですが、無罪とされてしまいました。

Q39　実況見分調書における写真の意義は何ですか。

A39 　入尾野　　交通事故捜査に用いる写真は、現場の状況、道路の見通し、現場の痕跡関係を画像として正確に描写できるわけですから、見る人に客観的に理解してもらう手段として大変重要な役割を持っています。

　特に、現場の路面痕跡や車両の衝突痕跡は、衝突地点や衝突状況を解明していく上で重要な証跡であり、速度鑑定等にも大きな影響を与えるものです。また、現場や車両の痕跡等は生ものですので、発生時に証拠保全しておかなければ消滅してしまい、証拠価値がなくなることもあるので、今そこにある現場の状況や痕跡等をありのまま表現できる写真は、事件を立証する上で最も重要なものだと言えます。

　那須　　写真撮影は、立証三原則にも含まれています（A34参照）。

　また、犯捜規104条3項では、「実況見分調書には、できる限り、図面及び写真を添付しなければならない。」と明記されています。

　なお、写真に関して、一つ参考となる例を挙げると、かなり前ですが、ある検察官の著書※において、警察が作成した実況見分調書では「塀と塀との切れ目のようなところに路地」があり、そこから子供が乗った自転車が出てきたとなっている事案に関し、担当検事がP点及びP'点、並びに「飛び出しを予測しなければならないような付近の状況かどうか」を確認するために現場に行ったところ、「何と塀というのは、粗い金網のフェンスで、文字通り透け透け」で、「こんなことなら、写真を一枚撮って送ってもらえば済んだのに」と振り返る事案が紹介されています。

※　栗田啓二「交通事件捜査の進め方」（警察時報社、1987年）72頁以下

Q40 写真撮影の際、最も重要なこと及び必要となる措置は何ですか。

 A40 那須 写真撮影時の一番のポイントは「撮影目的をしっかり認識すること」です。

　交通捜査における写真撮影の目的は、「キズをよむこと」であり、事故直後の現場の状況や車両等の破損状況等を明らかにして、事故の真相を解明するために役立つ写真を撮らなければなりません。

　最低限、関係車両（特に破損箇所）、現場の路面等に残された遺留物、痕跡等について、立会人を置いた上で、全体像及び関係部分のアップ等について、スケール等を当てて撮影するといったことが求められます。

 入尾野 写真撮影は、写真を見た人が手に取るように分かるような写真構成、つまり、アングルや画角に留意して行わなければなりません。

　写真は、実況見分調書と同じで、現場を見ていない人に、現場の状況や破損状況を画像という形で表現して見てもらい、現場の状況等を理解してもらうものなので、撮影者だけが分かるような独りよがりな写真では意味を有しません。

　常に、見る人にとって分かりやすいよう、つまり、現場の状況をイメージしやすいように考えながら撮影することが一番だと言えます。撮影者は、直接、自分の目で現場を見ていますので、日にちが経過しても現場の状況をイメージすることはできます。しかし、現場の位置関係も分からない、現場も見ていない検察官や裁判官は、警察官が作成した実況見分調書等に添付された写真や図面だけを見て判断しなければならないので、見る人の立場に立った目線で、現場の状況がイメージしやすいような写真を撮ることが重要だということです。

　具体的に、私自身が現場で写真を撮るときに心掛けていたことは、必ず、写真貼付の様式である千葉県警の基本書式の実況見分調書に書く文面を頭に浮かべて、その項目に沿って写真を撮ることでした。

　実況見分調書を作成するとき、文面と写真が合わないと作成しづらい上、見る人にも、思うように伝わりません。ですから、見分内容の項目に沿って写真を撮るようにしたのです。

　例えば、現場の道路状況が、中央分離帯により上下線が区分され、道路両側に歩道が設けられた片側二車線道路であれば、わざと中央分離帯に立って上下線と歩道が画角に入る写真を撮ります。そして、信号交差点入口に横断歩道が設けられ、右折レーンが設けられたなどの道路であれば、その位置に立って右折レーンや横断歩道が画角に入るように撮影し、また、左右の見通しが悪ければその部分を強調する写真を、現場に散乱物があれば、全体の写真を撮って、さらに一つひとつを個別に撮るなど、実況見分調書の作成項目の順番に写真を撮っていきます。これによって、無駄な写真も減りますし、調書自体の作成もスムーズに運びます。

　この方法の一番の利点は、自分が現場で見たままを、見る人にも同じ感覚で伝えられることです。ですから、私は、これまで発生時の実況見分だけでなく、再見分、実車を使用した再現見分、引き当たり見分等の全てにおいて、実況見分調書の文面を頭に入れながら、その順番どおりに写真撮影をしていたのです。

Q41　事故直後に現場の見通しに係る写真撮影を行う意義は何ですか。また、当該写真撮影を行わなかったために問題が生じた不適正捜査事案としてはどのようなものがありますか。

A41　那須　P点とP'点の特定のためには、現場の見通しは非常に重要です。

　一方、事故直後に現場の見通しに係る写真撮影をせず、後から問題となって当該写真撮影をしようとしたときには、既に現場の状況が変わってしまっており、結果的に、事故当時の「現場の見通し」が再現できなかったというような事案も意外に多く見られます。

　その具体例を挙げると、次のようなものがあります。

①　山中の交差点における事故。後日写真撮影をしようとした時には、雑草が伸びて、事故当時よりも見通しが悪くなっていた。

②　工事による片側交互規制の道路における事故。後日写真撮影をしようとした時には、工事が終わり、片側交互規制もなされていなかった。

③　交差点における出会い頭事故。後日写真撮影をしようとした時には、道路管理者が現場の見通しをよくするために街路樹を伐採しており、事故当時よりもはるかに見通しがよくなっていた。

　こうした事態を避けるため、事故直後に現場の見通しに係る写真撮影を行う必要があります。

Q42　　被疑車両を押収した後、写真撮影が不十分なまま還付して、結果的に犯行の立証ができなかった事案としては、どのようなものがありますか。また、そこから得られた教訓としては、どのようなものがありますか。

A42 那須　　ひき逃げ事件において、被疑車両の損傷を写真撮影して還付した後、上司が確認したところ、その写真というものがピンボケであった挙句、公判でそのピンボケ写真の証拠能力が否定され、結局、その車両が衝突したことが証明できないとして無罪となった、というような事案がありました。

　このように、写真1つで、取り返しのつかない事態に陥ることがある点については、十分に認識しておかなければならないと思います。また、幹部としては、還付のタイミングを考えなければならないのはもちろんですが、何より「立証三原則」（A34参照）を日頃から捜査員に対して十分に認識させておき、捜査員としても、「立証三原則」を心に刻んでおく必要があると考えています。

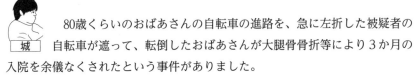

城　　80歳くらいのおばあさんの自転車の進路を、急に左折した被疑者の自転車が遮って、転倒したおばあさんが大腿骨骨折等により3か月の入院を余儀なくされたという事件がありました。

　双方の自転車が接触して、おばあさん側が転倒したと思われるのですが、送致記録では、接触した箇所ということで被疑者の自転車のポラロイド写真が1枚あった程度で、それ以上のものは何もありませんでした。その後、本当に接触したのかどうかが問題となったときには、既に、当該自転車は被疑者に還付され、被疑者は廃棄していたので、それ以上調べることはできませんでした。

被害者側の自転車には、明白な接触跡は認められませんでした。所轄警察署では一応被疑者の自転車の写真を撮ったので、捜査員は接触跡があると認識したのでしょうが、写りが悪く、どこに接触跡があるのか写真からではほとんど分かりませんでした。

　この事件で仮に被疑者の自転車に残された接触跡が明白に認定できれば、事件の推移は大きく変わったものと思われます。ただ、証拠上、接触跡ははっきりしなくても、少なくとも進路妨害をしたことが明らかであれば、それで重過失致傷罪は成立しますので、その方向でも捜査し、最終的に公判請求したのですが、被疑者は実況見分をやればやるほど、被害者の進路前方の更に遠い位置で左折したと主張し、法廷でも被害者が勝手に転んだだけだとの主張を続けていました。そこで、被害者に通常の走行をさせて、何もないのに転倒するような運転能力ではないなどと立証したものの、最終的には無罪とされました。この判決にはかなり問題があったものの、控訴するには至りませんでした。

　もし、被疑者の自転車を還付せずにその接触跡が証拠保全できていればとか、仮に還付するにしても、もう少し丁寧に接触跡を写真撮影しておいてくれればということは、後になっての話ですが、言えると思います。

第6章　被害者支援等

Q43 交通事故事件に係る被害者連絡の対象は、どのようなものですか。また、そのうち、警察本部の関与の度合いが大きいのはどのようなものですか。

A43

1　被害者連絡の対象となる交通事故事件

　　那須　交通関係で、被害者連絡の対象となる事故事件は、次の①～④に挙げたものです。

①　ひき逃げ事件

②　交通死亡事故等（被害者が全治3か月以上の負傷をした交通事故を含む。）

③　危険運転致死傷罪に該当する事件

④　その他警察本部長又は警察署長が必要と認める事件

　ただし、被害者等が被害者連絡を望まない場合又は被害者等による報復の可能性が認められるなど被害者連絡を行うことが適当でないと認められる場合には、被害者連絡は行いません。

2　警察本部の関与の度合いが大きい事件

　被害者連絡の対象となる重大な交通事故事件のうち、

○　死傷者多数の場合

○　重大な違反を伴う場合

○　一方当事者の供述以外に証拠が得られないおそれがある場合

○　交通事故被害者等から捜査に対する苦情や要望を受けた場合

等、被害者連絡において組織的な対応が必要と認められる事案（重大特異事案）については、本部の被害者連絡調整官補佐が現場臨場し、本部の交通事故事件捜査統括官と連携を図りながら、事案の概要を把握し被害者連絡調整官に速報しつつ、警察署の被害者連絡責任者（交通課長）に対し被害者連絡に係る助言・指導を行い、被害者連絡調整官が被害者連絡に係る指揮等を行います。

Q44 被害者連絡については、誰が、いつ、どのような内容を連絡するのですか。

A44　被害者連絡は、被害者から事情聴取を行った捜査員等の事件担当捜査員が、被害者等に対し、課係及び氏名を教示した上で、面接又は架電等の方法により、次の1～4のとおり行います。

なお、当該捜査員は、犯罪被害者支援を担当する課の係員と緊密に連携し、連絡を行ったときは、「被害者連絡経過票」を作成します。

1　捜査の初期段階

事件の認知時等、捜査の初期段階において、「交通事故被害者の手引」の交付（の確認）を行った上で、刑事手続及び犯罪被害者のための制度（刑事事件に係る被害者参加制度、少年事件に係る審判傍聴制度※）について連絡します。

2　被疑者検挙に至るまで

被疑者検挙に至るまで、捜査に支障のない範囲で、次のとおり捜査状況等について連絡します。

① 死亡ひき逃げ事件の場合、事件の認知後、おおむね2週間、2か月、6か月、1年を経過した時点で捜査状況を連絡し、以後は原則として1年に1度定期的な連絡を行います。

② ひき逃げ事件の場合、事件の認知後、おおむね2週間を経過した時点で捜査状況を連絡し、以後は状況に応じて連絡を行います。

③ 交通死亡事故等の場合、事件の認知後、おおむね1か月を経過した時点で捜査状況を連絡し、以後は状況に応じて連絡を行います。

3　被疑者の検挙時等

① 被疑者を逮捕した場合、その旨及び被疑者の人定等について連絡します。ただし、否認事件や未逮捕の共犯者がいるなど連絡を行うことによって捜査上支障が生じる場合は除きます。

② 逮捕した被疑者を送致前に釈放した場合は、釈放後速やかにその旨及び理由を連絡し、勾留が行われなかった場合には、釈放後速やかにその旨を連絡します。

③ 被疑者を在宅で送致した場合、その旨、被疑者の人定及び送致先検察庁

等について連絡します。

④　少年事件の場合、被疑少年の健全育成を害するおそれがあると認められ
る場合には、当該少年に代えてその保護者の人定等を連絡します。

4　逮捕被疑者の処分時

逮捕後、勾留が行われた事件については、勾留期間満了後速やかに送致先検
察庁、処分結果（起訴、不起訴、処分保留等）、公訴を提起した裁判所（起訴
の場合のみ）を連絡します。

ただし、被疑者が少年の場合には、送致先検察庁及び送致した家庭裁判所に
ついて連絡します。

※　危険運転致死傷罪、過失運転致死傷罪等の被害者等は、希望し、かつ、裁判所が許可した
場合には、公判に出席することができ、この場合には、検察官の権限の行使に意見を述べる
ことができる。さらに、裁判所が相当と認めるときは、証人の尋問、被告人に対する質問及
び事実又は法律の適用について意見の陳述をすることができる（刑訴法316条の33以下）。
　また、当該被害者等は、希望し、かつ、家庭裁判所が許可した場合には、少年事件に係る
審判を傍聴することができる（少年法22条の４）。

那須修　元警大交通教養部長のモノローグ

被害者に対する丁寧な情報提供

私がある大学のロースクールで半年間の「犯罪学」の講義をしていた時
のことですが、講義の中で、被害者支援団体に所属し、精力的に被害者支
援活動に取り組んでおられる飲酒運転事故の御遺族の方をゲストスピー
カーに招致したことがありました。その際、その方といろいろお話しした
のですが、１点気になったのが、その方の「被疑者が『業務上過失致死
罪』（編注：行為当時の罪名）とされたのがいまだに許せない。酒を飲ん
で運転して何が『業務』か。」という発言でした。そこで、それとなく確
認したのですが、平たく言えば、「飲酒運転をしたのに、正当な『業務』
に関することとして、罪一等減じられているのではないか」という疑念を
持っておられることが分かりました。そこで、私から「いや、この場合の
業務性というのは、『社会生活上の地位に基づき反復継続して行う行為で
あって、他人の生命身体等に危害を加えるおそれのあるもの』を行う場合

に認められるもので、業務者については、重過失致死罪と同じく重く処罰されるのですよ。単なる過失致死罪だったら罰金か科料しかないんですよ。」と教えて差し上げたところ、「そんな説明は聞いたことがなかった。」と驚かれたことがありました。

　ここで私が言いたいのは、要するに、飲酒運転事故の被害者の御遺族で、被害者支援活動に精力的に取り組んでおられるような方でも、刑法や自動車運転死傷処罰法等の知識は十分でないことがある、ということです。これは、決してこうした方々を責めているのではありません。なぜなら、こうした方々は、好きで飲酒運転事故の被害者の遺族になったのではない。ある日突然、何の前触れもなくそういう立場になってしまったのであって、いわば、「何の準備もなく、突如として家族を奪われて激しく動揺したまま、全く未知の、かつ、入る気などまるでなかった世界にいきなり放り込まれた」わけで、そういう人に、その放り込まれた先の世界では常識なのかもしれませんが、過失運転致死の要件やら何やら言っても、急には理解できるはずがない、ということです。

　ですから、相手の様子を見ながら丁寧に、順を追って説明する、すぐに分からなければ時間をかけて説明することが重要になります。さらに、警察は人事異動があるわけですから、前任者が何を、どうやって、どこまで説明したか、それに対する相手の態度はどうだったかというところを踏まえて対応しないと、何年経っても不信感を持たれたままになることがありますよ、ということを申し上げたいと思うのです。

Q45　交通事故事件に係る被疑者又は被害者の人定事項は、相手方に連絡しても構わないのですか。

A45　1　被害者に対する被疑者の人定事項等の教示

　犯捜規10条の3により、被害者等に対しては、その救済に資すると認められる事項を通知しなければならないところ、捜査上支障が生じたり、関係者の名誉その他の権利を不当に侵害するおそれがある場合を除い

て、被疑者等の同意を得ることなく、その人定事項等を被害者に教示すること
は、許されます。

　当然、任意捜査の場合、被疑者が送致されるまで、その人定事項等を一切被
害者に教示してはならないというわけではありません。

　ただし、両当事者が被疑者と被害者双方の立場を有していると認められる場
合や、両当事者が被疑者と被害者の関係にはない物件事故の場合等において、
一方の当事者等から相手方当事者等の人定事項等の教示を求められたときは、
被疑者に対する被害者の人定事項等の教示の場合と同様の対応が必要になりま
す。

2　被疑者に対する被害者の人定事項等の教示

　被疑者から、被害者の人定事項等の教示を求められた場合は、原則として被
害者本人（本人が少年の場合はその保護者、死亡の場合は遺族）から同意を得
るとともに、同意を得た範囲内で教示します。

　また、当該同意を得た状況及び教示を行った状況については確実に記録化す
るとともに、てん末を幹部に報告します。

Q46 　被害者調書に録取すべき事項としては何がありますか。

A46 那須　　被害者調書の主眼は、被害者の被害状況及び事故の実態を
明らかにして、被疑者の過失の有無等を立証することにあり
ます。また、併せて、被害者の過失の有無等も明らかにする必要があります。
そのため、事故の模様、事故発生前後の被害者、被疑者及び周囲の状況、事故
発生の原因等を聴取する必要がありますし、被害者自身に関しては、事故時の
心身の状況のほか、なぜそこにいたのかなども聴取します。

　ただし、聴取すべき事項はそれに限りません。被疑者の処分等を判断する上
では、被害者の身上、示談の成否及びその経緯、被害者の被疑者に対する処罰
感情等が大きな意味を持ちます。

　もちろん、事件を検察官に送致するに当たって「犯罪の情状等に関する意
見」を作成する際には、被疑者の前科・前歴・違反歴等、被疑者及び被害者の

過失の有無及びその内容、事故に至る経緯、犯罪事実を立証するに足りる証拠の有無や犯情等を考慮しなければなりませんが、被害者の処罰感情等も大きな意味を持つところ、被害者調書の作成に当たって、その心情をいかに録取するかは非常に重要となります。

Q47　被害者の心情を調書化する際の留意点は何ですか。

A47（入尾野）　被疑者、被害者を問わず、取調べに当たっては、自分の想像力を働かせて考えること、つまり、いかに自分を当時の相手に置き換えて考えることができるかが一番のポイントになりますので、取調べの目的と対象者の置かれた立場を十分に理解した上で取調べに当たる必要があります。

　特に、被害者の処罰感情に関する部分については、被害者の立場として最も尊重されなければならない事項ですので、突然の交通事故により傷害を負った被害者の置かれた立場（年齢、性別、職業等）に立って考え、身体的、精神的、金銭的な苦痛を思いやりながらじっくり話を聴いて、その悔しさや切なる想いを感じ取りながら、相手の言葉で文章表現することが一番ですから、焦って調書化しないようにします。

　交通事故の場合、被害者といっても、多少なりとも落ち度がある場合も多いので、被害が重大であればあるほどその対応には気を遣う必要があります。また、捜査上、被害程度の軽重等によって適用書式が違いますから、被害者の処罰感情もケースバイケースの表現となります。状況が同じでも人が変われば心情も違ってきますし、実際、年齢、性別、職業、地位等、置かれた立場・環境等によって処罰に関する感情表現は大きく変わってくるはずですから、取調べ官による誘導やありふれた感情表現等の使い回しは厳禁です。

　例えば、後遺症が残るような重傷の被害者で、対象者が、子供、学生、会社員、役職者、家族持ち、高齢者等、立場が違えば、同じ厳重処分を望む場合でも、訴える声（心情）は違ってきます。未来ある子供や学生等であれば、けがによって夢が途切れてしまうなど将来への絶望感しかない現実。会社員であれ

ば、会社に与える影響や継続雇用等の問題による将来生活への不安。役職があればなおさらです。妻子持ちであれば、大切な家族が路頭に迷うなど、今後の生活や子供の将来への不安。高齢者であっても、これからの老後を楽しもうと思っていたのになど、被害者等が抱える不安や悲痛な思いは、立場ごとに想像できます。これが御遺族であれば、結果は殺人罪に匹敵する行為だと思っているわけですから、重傷の被害者の声に輪を掛けた無念さが想像できるはずです。

　これらの想いを正確に調書化するには、やはり事前の準備が重要になってきます。仕事は段取り八分ではありませんが、遺族調書であれば、死者の身上関係等の把握はもちろん、事故発生から調書を作成するまでの間の御遺族とのやりとりを頭に入れておくのです。それによって死者との深い関係や切なく悔しい無念さ等が自然と感じ取れるはずです。

　具体的には、死亡事故が発生した場合、御遺族への死亡連絡時、御遺体の確認前と確認後、状況説明の面談時等、それぞれの場面での御遺族の様子（言動、態度、感情）を細かく観察することです。そこから死者の人柄や人望等が見えてきますし、残された御遺族の切なる思いや無念さ等、心の声（心情）が自然と聞こえてくる、見えてくるはずなのです。時には葬儀に参列するなどして感じ取ることも必要かもしれません。私自身、葬儀に参列した経験は何度もあります。

　実際に、御遺族への対応を自分が担当していなかった場合は、担当者に御遺族の様子を確認することを忘れてはいけません。

　最後に、遺族調書を作成する際は、何度も言いますが、焦って調書化しないことです。まずは、死者の生い立ちから性格（家族や周囲に与えた影響）、死亡時の生活実態（将来に向けた展望、日々の努力、夢等）、当日の行動、死亡連絡をもらったときの心境、葬儀関係（参列者の数、人望の厚さ、大勢の人に惜しまれながら送られる故人の無念）など、順を追ってじっくり聴きます。そして、事前準備で感じた自分の思いと照らし合わせながら御遺族に確認し、本人の言葉を使って文章を綴る。そうすれば、死者の無念さや御遺族の切なる思いがこもった処罰感情等を調書化することができるはずです。仮に死者の方が過失が大きかった場合（信号無視等）でも、事実は曲げず、死者の名誉も守ってやれるような文章表現による遺族調書が作成できるはずです。

　我々捜査員は、被害者はもちろん、御遺族の無念を少しでも晴らせるように捜査を尽くすことが使命だと思います。一般人は、警察官を目の前にした取調べでは、緊張等から取調べ官の質問に対して返答するのに精一杯で、本心を伝えきれないのが普通だと思いますので、その心境を察し、言葉に出せない心の奥底の声をうまく引き出して代弁できるよう、事前準備の大切さを理解してほしいと思います。

城　　　被害者の心情を録取するということは、それを裁判官に伝えて判決の量刑につなげるということです。つまり、その調書が判決の量刑に対する大きなパイプであり、重要な伝達手段であるということです。その調書を読んだ瞬間に、誰しも涙してしまうような被害者の心情をそのまま伝えられるような文章力が必要であるということです。

　これは単に取調べがうまいとか、被害者に寄り添うとかいう、いわば身体で勝負する問題とは違います。プロとして少なくとも被害者から聴いて自分が泣きそうになったなら、それを的確に文章にして同じ思いを伝えるのがプロの仕事です。俺は身体で勝負しているんだ、紙の上でなんかと思う人もいるかもしれませんが、あなたの書いたもので人の心を打てるように、被害者からの話を正確かつ泣けるように伝える必要があるのです。

　ですから、人の言葉を正確かつ思い入れをしながら書けるように普段から心掛けていく必要があると思います。

那須修　元警大交通教養部長のモノローグ　　　2

適正捜査による被害者支援と社会的正義の実現に向けた警察の責任

　私としては、一つひとつの事件を適正に捜査することこそが、被害者支援の大前提だと思います。そして、警察としては、当然、検察官が起訴できるように捜査を尽くさなければならないのですが、起訴できなければ後はどうでもよいというものではないという意識も、被害者支援の観点では大事だと思います。

　というのも、近年の過失運転致死傷罪の起訴率は10%程度です。しかし、起訴に至らない90%の事案においても被害者が存在しているというこ

とを忘れてはならないと思うのです。

　やはり、人として、自分や親族等が交通事故の被害に遭った場合には、しっかり捜査してもらいたい、という気持ちがあるはずです。警察としては、被疑者が起訴される、されないにかかわらず、こうした被害者の期待に応えるというのは、被害者に対する精神的支援という意味において、極めて大事だと思います。実際、死亡事故に対する警察の捜査に不信感を持っていた御遺族が、警察による再実況見分の様子を目の当たりにして感動したというようなこともあるのです。

　また、保険金の問題もあります。保険金云々は民事の話であって、警察は関係ないと考える人もいるかもしれません。しかし、一定の生命・身体に対する故意犯に係る被害者については犯罪被害者支援法に基づく給付金があるように、被害者に対する経済的支援は非常に重要なものであり、政府による「犯罪被害者等基本計画」でも、5つの重点課題の1つ目に位置付けられています。そのため、万一、警察による不適正捜査によって加害者の過失が明らかにならず、被害者の経済面に重大な意味を持つ保険金が大幅に減額されたり、さらにはゼロになったりすれば、いくら警察は被害者支援に万全を尽くすといっても、到底説得力のある議論にはならないと思います。

　さらに、行政処分の問題もあります。もちろん、悪質・危険運転者を一定期間道路交通の場から排除するというのは、交通安全の観点から大きな意味があり、行政処分はまさにこのために行われるものです。ただ、被疑者が起訴されなかったとしても行政処分は可能であり、刑事処分では起訴がなされなかった被疑者に一定の行政処分がなされれば、被害者に対する精神的支援は行政処分の目的には含まれていないにしても、処分がなされたことに正義の実現を感じる被害者もいると思います。もちろん、今申し上げたように行政処分は交通安全上大きな意味がありますし、いずれにしても、適正な行政処分の基礎となるのは、適正捜査なのです。

　このように考えれば、たとえ起訴されなくても適正な捜査を尽くさなければならないことが、また、そのことが被害者支援、さらに広い意味では社会的正義の実現につながるということが理解できると思われるのです。

　交通事件に係る起訴率は長期的に低下傾向が続いていますが、それはあ

る意味、これまで検察が担ってきた部分も含めて、警察に課される被害者支援と社会的正義の実現のための責任がますます重くなっていることの現れと考えることができるのではないか、と思うのです。

入尾野良和 警察庁指定広域技能指導官のモノローグ

現場警察官の被害者支援

　私としては、一つひとつの事件を適正に捜査し、最善を尽くすことこそが、最大の被害者支援であると信じてやってきました。

　交通事故の場合、元気に家を出た家族が突然亡くなって帰らぬ人になったり、大けがをして病院に入院してしまったりと、一瞬のうちに温かい家庭がどん底状態に落ちてしまいます。私自身、何度もそんな家族や被害者を目の当たりにしてきました。

　特に、死亡事故の場合、御遺体の損傷が激しいので、その確認をお願いするときには相当に気を遣います。霊安室内はもちろん、御遺体そのものをきれいに拭いて、傷を隠し、血痕等が見えないようにガーゼや毛布等で覆い、少しでもきれいな姿を見てもらいたいとの思いで対応するのです。当然、被害者の姿を見て泣き崩れる御遺族を見てもらい泣きすることもありました。

　ですから、被害者死亡でなくても被害者支援に当たる際は、どんなに忙しく、疲れていようが、被害者等に対しては、常に相手の立場に立って考え、その心中を察しながら適切に対応することが一番なのです。

　それでも、誤解を恐れずに正直に言ってしまえば、死亡事故の御遺族等の中には、目の前に怒りをぶつけることができる対象がない中、私たち警察官のちょっとした言動や態度に対して、あくまで私たちの感覚ではですが、揚げ足を取ったり、突っかかってきたりするようにさえ思える言動をする人もいます。

　そんな場合でも、相手方の心中を察し我慢をして対応することはもちろんですが、究極は事件捜査を手を抜かず尽くすこと。そうすれば、最終的に「あの時は申し訳ありませんでした。ここまで捜査していただいて本当

にありがとうございました。」という感謝の声が返ってくるはずです（直接、言葉で返ってこなくても気持ちが伝わってくるはずです。）。

　実際、その言葉を期待してやっているわけではありませんが、その一言で警察官をやっていて良かったと思いますし、それまでの苦労が吹き飛んでしまうものなのです。

　一方、原因的に過失が大きい交通事故の被害者に対する被害者支援等は、考えさせられる部分もあります。特に、対象事故がひき逃げの場合は、仮に被害者が軽傷でそれなりに過失があったとしても、対応を誤ったりすると苦情等に発展してしまうようなことがままあるので、犯人に逃げられた被害者の立場を理解し、今、被害者は何を望んでいるのか、ということを察知して、早め早めに対応することが肝要です。

　ひき逃げ事件の被害者の場合、相手が逃げて分かりませんので、「本当に犯人は捕まるのか、自分の治療費や車の修理費は誰が負担してくれるのか。」などと心配で、一日も早く被疑者を捕まえてほしいと思っているはずなのです。ですから、現場に目撃者確保のための立て看板を立て、同一曜日、同時間帯での定時検問（チラシ配り）等を実施しながら、部品捜査等から被疑車両を絞り込み、ある程度の捜査方針が固まったら、早いうちに被害者を呼んで被害者調書を作成するのです。その面前で、これまでの捜査経過と今後の捜査方針を説明することによって、被害者は、警察はちゃんと捜査してくれていると安心するはずなのです。そして、その後も定期的に捜査経過等を電話で報告することによって、結果、犯人検挙に結びつかなかったとしても、被害者は、納得をしてくれると思うのです。

　本来であれば、犯人検挙が一番の支援結果となりますが、全てうまくいくわけではありませんので、最悪、継続捜査となったとしても、「ここまでやっていただいてありがとうございました。」と言ってもらうこと、つまり、やるべき捜査を尽くすことこそが、究極の被害者支援だと言われるゆえんなのです。

　私は、これまで事件捜査に当たって、絶対に起訴してもらい、実刑を勝ち取るんだという気持ちでやってきましたが、心の中では、「仮に、不起訴で検察審査会にかかっても、ここまで警察が捜査して不起訴処分ではしょうがない。また、起訴相当と判断されても、警察に対する補充捜査は

ない、と言われるくらい捜査を尽くす。」という信念でやってきた自負が
あります。実際、被害者支援にとっては、この気持ちが一番ではないかと
思います。

　また、そんな気持ちで捜査するのは、やはり、被害者の無念を晴らして
やりたいという思いがあるからであり、この気持ちを持っていれば、必然
的に、被害者側の心中を察した対応ができるはずだと思っています。

城祐一郎　最高検検事のモノローグ

逃亡被疑者を許さない！

　被害者支援の観点から、私が大阪地検交通部長の時に一番意識したの
は、逃亡被疑者を許さないということでした。警察官からの送致後に被疑
者の所在が不明になるということは、交通事故の場合、在宅事件が多いの
で、実際のところ相当数あります。特に、以前は、逃げられた場合、所在
捜査をしても見つからないことも多く、中止処分にしておくのですが、体
制面の問題もあって更なる所在捜査を尽くすことができず、結局、見つけ
ることができず不起訴にするしかないということも、ないではないという
のが実情ではなかったかと思います。もちろん、今ではそんなことはない
というのであれば結構なのですが、私が大阪地検交通部長を引き継いだ10
年ぐらい前には、そういう事案もかなりあったように思います。

　そんな被疑者に逃亡されてしまった事件の中に、次のような事件があり
ました。それは、保冷車が左折した際に、左後方をよく確認しなかったた
め、後方から走行してきた自転車だったか、歩行者だったかは忘れました
が、若い女性を巻き込んで、その頭を轢いてしまったのです。被害者は、
命を失うということはなかったものの、高次脳機能障害を負ってしまい、
嗅覚がなくなってしまったのです。

　それで、被疑者が逃走中も被害者には来てもらって検察官事務取扱事務
官がその事情を聴いていたのですが、担当事務官も「この被害者がかわい
そうでならない、何とかならないか。」という報告を上げてきていました。
「嗅覚を失うと何を食べてもおいしく感じなくなり、人生に絶望している。

一方、被疑者は逃げてしまっていて、処罰を受けていないのはもちろんのこと、賠償なども全くしていないし、このままではやりきれない。」と言っているということでした。

　私もそれは絶対に許せないと思いましたので、地検交通部で徹底した所在捜査をしました。とにかく携帯電話での発信地情報を中心に、何度もいろんな令状をとって所在を探っていきました。そうすると、被疑者の親名義の携帯電話の発信地が、北海道の阿寒湖の周辺に集中していることまで分かりました。この電話機を親が実際に使っているわけではないことは、別の捜査で分かっていましたので、もう被疑者がその辺りにいるということは判明したわけです。ただ、それでもその周辺の町にいるというだけで、特定の住所が分かったわけではありません。しかし、もうこれ以上、大阪で捜査していても手掛かりが増えることは考えられなかったので、現地に事務官を派遣して逮捕させることにしたのです。

　それで、何度も更新している逮捕状を持たせて、2泊3日の予定で、3人の事務官を阿寒湖に送ったのです。本当は、被疑者が暴れても困るので4人送りたかったのですが、帰りの分で1人増える予定ですから、もう予算が足りなくて、仕方なく3人で行ってもらいました。しかも期限は3日です。

　3人の事務官が当初、この辺りにいるのではないかと見込んだ場所は違っており、被疑者を見つけることはできませんでした。しかし、地元の警察が持っている住民の情報等を捜査関係事項照会によって入手し、被疑者の親族等の名前も全部頭に入っていた3人の事務官は、その中で被疑者やその関係者、まあ、内妻ですが、彼らが偽名として使いそうな名前を発見し、内妻が勤務していると思われるホテルを見つけたのでした。

　それで、彼らは、被疑者は必ずそのホテルに顔を出すと踏んで、ホテルをずっと張り込んでいました。すると、3日目の朝に、内妻を迎えにきた被疑者を発見することができたのです。彼らは、「○○さんですね、大阪地検です。」と名乗って逮捕したのですが、被疑者は、「やっぱりここまででも捕まえに来るんですね。」と諦めと感心の両方の感情が入り混じったようなことを言っていたそうです。

　それで大阪に連行して起訴したわけです。被害者がそれだけで喜ぶとい

うことにはなりませんが、少なくとも、逃げられたままになっていたよりはよかっただろうと思っています。

補足 那須　　逃亡した被疑者を見つけ出すというのは、それが目的ではないにしても、結果的に、民事、つまり被害者に対する経済的支援という面でも、大きな意味を持ち得るものといえますね。

補足 村井　　警察としても、もっと頑張らないといけませんね。

第 7 章　ひき逃げ

Q48 ひき逃げ事件発生直後における検問、検索、職務質問等は、どのように行うのですか。

A48 那須　ひき逃げ事件発生直後における検問、検索、職務質問等は、次のように行います。

1　実施要領

　ひき逃げ事件は、車両によって敢行され、逃走する事案なので、迅速適確な緊急配備を行い、検問、検索を実施することによって、被疑者の発見又は捜査情報の収集を行う必要があります。

　また、検問場所以外でも、不審車両（者）を発見した場合には、すかさず職務質問等を行う必要がありますが、これらをより効果的に実施するためには、次のような点に配意する必要があります。

① 検問の実施に当たっては、事前に従事員、資機材、追跡車両の配置や車載ビデオ装置の有無を確認するなどして、逃走防止に配意した検問体制を確立するとともに、受傷事故防止に配意します。

② 現場捜査により判明した新たな事実については、順次追加手配し、検問、職務質問等を行う捜査員に対し周知します。

　　周知する事項としては、次のようなものがあります（不明確なものであっても、一旦、例えば、「…様のもの」で手配し、その後、事実が明らかになったときに更に追加手配することが考えられます。）。

　i　被疑車両の車種、塗色、破損推定状況

　ii　被疑車両の現場遺留品の種別、特徴等

　iii　被疑車両の逃走状況、方向、時間

　iv　事故の形態等

③ 周辺の検問場所においては、完全に車種が特定されている場合以外は、原則として全車検問を行い、②で手配された事項等を基に被疑車両の発見に努めます。

　　それとともに、事後の捜査に役立てるため、全車について、ナンバー、

形状、塗色、特徴等及び運転者・同乗者の住所、氏名、連絡先、出発地、行き先、目的、積載物、事件又は不審車両の目撃の有無並びに検問実施時間・場所等を検問表に記録します。

また、職務質問を行った場合にも、その実施時間・場所とともに、上記事項を記録します。

④　検問等を行った結果、被疑者でなかった場合には、当該相手方に被疑車両の特徴を教示し、協力を依頼します。

2　車両に破損等の痕跡が認められる場合の措置

車両に破損等の痕跡が認められる場合には、逃走防止及び受傷事故防止に注意しながらエンジンを切らせて降車させ、一旦パトカーに乗車させる等してから事情聴取を行い、適宜幹部に報告します。

また、同乗者がいる場合には、分離して事情聴取を行います。

3　逃走車両に対する措置

停止合図を無視したり、検問場所を回避するなどして逃走した車両については、逃走方向、ナンバー、塗色等を本部通信司令課（室）を通じて全ての捜査員に手配します。

Q49 ひき逃げ事件の車当たり捜査は、どのように行うのですか。

 A49 那須　車当たり捜査とは、現場の遺留物や目撃者、被害者等の聞込み結果等を基に、車種や所有者等の候補の特定等を行った上で、捜査員が車両を個別に見分するとともに、所有者等から事情聴取を行い、被疑車両、被疑者を割り出すことをいいます。

この捜査の過程においては、車体から剥離した自動車の塗膜の破片である塗膜片やランプレンズに刻印されたデバイス記号（の一部）等について、システムによる検索や関係機関、メーカー、業者等に対する照会等を、さらには、車両のナンバー（の一部）について、本部照会センターに対する照会等を行います。

車当たり捜査の実施上の留意点は、次の①～⑦のとおりです。

① 現場の遺留物や聞込み等から被疑車両の損傷箇所・状況等を推定した上で、あらかじめ重点的に見分すべき箇所等を熟知して臨みます。

② 車検証等を確認した上で、必ず車両を直接見分します。

③ 運転者、同乗者と思われる者等に直接面接して、事件発生当時の運転状況、その後の修理の有無、損傷があれば、その原因等について聴取します。

④ ③の聴取の結果、不審点等がある場合には、その家族、隣人、知人等からも③で聴取した事項（運転状況や修理の有無等）について裏付捜査を行います。

　そして、これらの者が運転可能である場合（免許の有無を問わず）には、これらの者自身の事件発生当時の状況等について聴取します。

⑤ 事故当日、当事者が関係車両を他人に貸与していた疑いがある場合には、必ず被貸与者について、事件発生当時の運転状況の確認等を行います。

⑥ 会社、商店等の所有車両である場合には、対象車両を運転する者全員について調べます。

　特に、事件後の欠勤者や、退職者、挙動が不審な者等については、捜査を徹底します。

⑦ 実施した場合は、車当たり捜査表を作成し、報告します。

　死亡ひき逃げ事故の検挙率は、毎年ほぼ90％以上の高水準で推移していますが、これはA48、A49のような捜査をしっかり行っている結果であると考えられます。

Q50　「人の認識」を否定した（はねたり轢いたりした対象が人だと思わなかったと供述した）ひき逃げ事件の被疑者の供述が認められたケース又は認められなかったケースで、判断のポイントとなったのは、どのような事項ですか。

A50 那須　城さんの本に詳述されていますが、ここでは3点指摘します※。

　1つ目は、車両（車底部、タイヤ等も含む。）の損傷や付着物等の状況です。

簡単に言えば、これだけ壊れたり、乗り上げた痕があって、人に衝突したことが分からなかったということはないでしょうというものです。

フロントガラスが割れたり、ひびが入ったりしていれば、人の認識は認められ得ると考えられます（金沢地判平24．7．13公刊物未登載）。

一方、それだけが理由というわけではありませんが、「ヘッドライトやボンネットには破損はなく、左フロントフェンダーの凹みも、運転席からは確認できない程度のもの」であった事案では、人を轢いたことの認識がなかったという被告人の弁解が認められました（京都地判平21．2．2公刊物未登載）。

2つ目は、現場の交通状況・道路状況です。

上記金沢地判平24．7．13は、「衝突の対象から歩行者や自転車乗り等の『人』を除外すべき合理的な根拠（例えば、自動車専用道路上の衝突や野生動物の出没する山中での衝突等）は見出し難いから、被告人は人身事故の可能性を十分に認識していたといわなければならない」としました。

一方、路上転落物や雪塊等に当たったと思ったとの弁解はしばしばなされるので、常にこうした弁解を想定しつつ、実況見分や写真撮影、聞込み等を行う必要があります。

3つ目は、事故後の被疑者の行動です。

判例上、現場に戻った、破損した自動車の部品を持ち帰った、実際に人を轢いたかどうかを後続の運転者に尋ねた、といった行動から、人の認識が認められたというものがあります。

一方、自動車から降車した防犯カメラの映像を見せられながらも、「何となく見ただけ」などと主張する被疑者もいますが、こうした弁解は決して鵜呑みにすることなく、要すれば、実証実験を行って衝撃の度合いや衝突音の程度を明らかにして、これだけの衝撃があったから降車したのだろう、これだけの衝撃があって「何となく見ただけ」などということはないだろうというような追及材料を揃えておくことも重要と思われます。

補足 入尾野　証拠隠滅工作から、ひき逃げにおける人の認識を立証した事案があります。

その事案では、轢過による重傷ひき逃げ事件の被疑車両を十数台割り出し、捜査班を編成して車当たり捜査した中で、後に被疑者となる女名義の車両の車

底部等を確認した捜査員が「異常なし」と判断して帰った後、すぐに車底部と
タイヤを洗われてしまいました。

　その後の捜査等により、発生時間帯に通過した車両は当該車両しかないとの
判断で、交通鑑識班を派遣して捜査させたところ、車底部に払拭痕と若干の繊
維片付着等の痕跡が発見されました。その際、車底部やタイヤが奇麗に洗われ
ていたことを不審に思った鑑識班員が、車当たり時に撮影したタイヤの写真と
現車のタイヤを照合したところ、かすかに写っていた痕跡が洗い流されていた
事実が判明したというものでした。

　最終的には、ひき逃げ被疑者として通常逮捕したわけですが、人の認識につ
いては当然否認でした。ですが、車当たり後の洗車行為等、証拠隠滅工作の背
景から、公判で「人の認識あり」と認められたものです。

※　城祐一郎「Ｑ＆Ａ実例　交通事件捜査における現場の疑問（第2版）」（立花書房、2017
　年）317頁以下

Q51　ひき逃げ事件の捜査に当たって、被疑者の「人の認識」に関して
は、どのような捜査を行えばよいのですか。

A51 入尾野　A50のポイントに沿った捜査をすることが重要と思われま
すが、いくつか補足したいと思います。

　人の認識については、ほとんどの被疑者が否認します。特に、夜間帯におけ
る対歩行者の事故で、路上寝込みの轢過や低速度による押し倒し事故、未発見
衝突や接触程度の事故態様であればなおさらです。現場の捜査員であれば誰も
が経験しているはずです。

　これを看破するために私が日頃から気を付けているのは、ひき逃げ事件の基
本である車両の特定と犯人性の特定ができたからといって油断することなく、
被疑者は必ず人の認識やけがの認識を否認する、仮に、自認していたとして
も、後（公判）で否認に転じるということを念頭に、初動時から否認を想定し
た立証捜査に努めるということです。

　具体的には、発生時であれば、現場の痕跡、目撃者通報者、被害者の確保、

周辺及び沿線の防犯カメラの捜査を漏れなく実施する（スリップ痕跡、衝突音、加減速の走行状態等から事故の認識を立証）、被疑車両発見時であれば、車両の保管場所、方向、状態等を明確にする（隠匿状況等から逃げの認識を立証）、破損状況等を明らかにする（事故及びけがの認識等を立証）など、基本的な捜査でも、その目的や意味合いを理解して捜査することによって、「逆に認識がないのがおかしい」などと立証できる上、否認する被疑者を落とす材料にもなるので、意味を理解して行うことが一番重要だと思います。

　特に、交通事故は衝突を伴う物理的現象ですから、現場痕跡や車両の破損状況等を明らかにすることによって、人と衝突した認識やけがを負わせた認識は、客観的に立証できるはずです。人は嘘をつきますが、物は嘘をつきませんので、現場痕跡や車両の破損状況等の根拠を示した立証が大事になってきます。そのためには、専門的知識を有している交通鑑識班の活動が重要な役割を担っているのです。千葉県では、死亡・重傷の被害程度にとらわれず、交通鑑識班の応援を要請するよう指導しているので、軽微なひき逃げ事件でも、車両発見時や衝突の認識等に疑義が生じた場合等には要請してきています。これに対し、交通鑑識班では、出動機会を署交通課員に対する実践塾と捉え、現場や車両の破損状況等の正しい見方を指導し、鑑識活動で得られた客観的情報を捜査員に還元して、否認被疑者を落とす材料として教示しています。

　次に大切なことは、確保した被疑者の動向観察です。人は嘘をつくと精神的に動揺等が見られます。身体的動き、供述の変遷、食い違い部分での動揺等を見逃さないようメモしておくことも大事です。

　最後は、被疑者の取調べと供述内容に対する裏付け捜査の徹底です。被疑者の取調べに当たっては、絶対に落としてやるという信念が必要です。そのためには、今話した捜査経過から得られた情報を頭に入れ、ツボを押さえた取調べを実施しなければなりません。一方、捜査官は、ともすれば、被疑者を「黒」にできる要素ばかり見る傾向があるので、時には、自分を被疑者の弁護人の立場に置き、証拠の弱いところを見て、「白」の仮説が成り立つかどうかも考え、その上で、その白の仮説を完全に潰せるような徹底した捜査（証拠の収集）を尽くす、つまり、その供述が嘘であるということを立証する潰しの捜査も重要です。結果的に落とせなかったとしても、捜査を尽くすことによって、明らかに被疑者が嘘をついている、本人は分かっていながら、故意に否認して

いるという部分を出せれば、捜査員の勝ちだと思うので、逃げ得は絶対に許さないという強い気持ちと姿勢が、捜査員に一番必要なことだと思います。

　　　　　各県警では、ひき逃げ捜査に関して、人の認識を明らかにするため、加速度センサーや様々な高性能測定器等、種々の資機材を使って実証実験を行って、それを DVD 化しているようなこともあるようです。

　一般に資機材を利用した実証実験には時間がかかり、またどうすれば最も効果的かというのは容易には分からないので、将来的には、資機材を開発したり、実証実験をやった場合には、確実に警察庁に報告させるなどして、どこで何を使ってどんな実験をやって結果はどうだったかというようなことをまとめておけば参考になるのではないかなどと思いますが、とりあえず、現在は、必要が生じた場合には、自県の事案に役立つような資機材を保有していたり、実証実験を実施したような県がないか、他の都道府県警察に対して照会してみるというのも一案かと思います。

那須修　元警大交通教養部長のモノローグ　3

救護義務のよりよい理解のためのダミー人形等の活用

　ひき逃げ事案に係る「人の認識」の有無の参考にしてもらうため、ある県警では、司法修習生に対する研修を行う際に、急ブレーキの実験をしますなどと言って実験車に乗せて、いきなりダミー人形を轢いて、「これが人を轢いた感覚です。気が付かないことがあると思いますか」などと質問するようなことをしているとのことです。

　法曹関係者の方にそうした経験をしていただくというのは大変意味のあることだと思いますが、個人的には、将来的課題ですが、例えば、救護義務をより広く運転者に理解してもらうという観点から、普通免許取得時の教習の一環としてダミー人形を轢かせる、あるいはそれが安全性や費用等の問題から見て難しければ、教習所や免許の取得又は更新時に、ダミー人形を轢いたのと同様の振動、搖動、衝突音等を再現できる VR システムを体験してもらうなどして、こういう感覚があった場合には人を轢いた可

能性があるので、必ず車から降りて確認することなどと教えたり、さらに
は、そうした VR システムを実際のひき逃げ事件の裁判の場で活用して
もらうなどといったことを夢想することがあります※。

※　近年、自動車に係る VR も進歩が著しく、例えば、第23回日本バーチャルリアリ
ティ学会大会論文集（2018年9月）には、電気通信大学情報理工学研究科梶本研究室
による「自動車をモーションプラットフォームとした VR システムにおける振動提示
（第3報）：振動と揺動と効果音のクロスモーダル刺激による VR 体験の変化」が掲載
された（http://www.conference.vrsj.org/ac2018/program2018/pdf/22D-5.pdf）。

Q52 ひき逃げ事件の捜査において、「人の認識」以外にしばしばポイントとなる捜査事項等としては、どのようなものがありますか。

A52 那須　1つ目は前足後足（被疑者の事件前後の足取り）の捜査に関するものです。近年は、前足後足捜査に関し、被疑者のスマートフォンやカーナビを活用する例が増えていますが、捜査手法は多岐にわたります。例えば、ひき逃げの被疑者が、事故当時、車は盗まれていたと主張した事案で、周囲の防犯カメラ映像を全て集め、そこから割り出した飲食店に対し聞き込み捜査を3回、4回と行い、被疑者が飲食店を出て事故現場に直行したことを割り出したというものもあります。

A2の1の末尾で、トラックと衝突した自動二輪車の運転者が病院に搬送された事案に関し、被害者の家族からきちんと話を聴くべきであった旨の話をしましたが、こちらは、被疑者ですが、徹底した前足捜査によって虚偽の弁解を崩した好事例だったと思います。

また、清掃車が後退中に自転車と衝突し、自転車の運転者が死亡した事案では、被害者の交友関係を調べ、その前足を明らかにすることによって衝突時に自転車がどちらの方向から来たかを明らかにして、被疑者の過失を立証する一助としました。

一方、これに対して、ひき逃げ事件で出頭した男が身代わりだったという事案では、「地理に不案内で事故前後の経路をよく覚えていない」という男を、実況見分中から「おかしいな」と思いながら逮捕してしまったということだっ

たのですが、これについては、前足や後足を含む疑問点の追及に欠けた点が
あったといえるでしょう。

　2つ目は、車当たり捜査に関するものです。具体的には、車当たり捜査の途
中、留守にしていた家人に連絡を取ろうとしてポストに置き手紙を入れていた
ところ、その後帰宅した被疑者に、即座に車を廃棄されてしまったというよう
なことがありました。さらに、車当たり捜査（A49参照）で、後に被疑者と判
明する男と話しているときに、「タイヤが随分すり減っていますね」と言った
ところ、その警察官が帰った直後にタイヤを交換されてしまったという事案も
ありました。

　これは、態様によっては、A50＜補足＞で述べられた犯行を裏付ける証拠隠
滅行動として認められる場合もありますが、貴重な証拠が失われて立証が困難
になってしまう場合もあるということは認識しておく必要があります。

　3つ目は、初動措置に関することですが、倒れている人を発見した後の警察
官の対応です。当然、救護が第一なのですが、救護に集中するあまり、救急隊
員に引き渡して安心して、周囲をよく見ないまま現場を離れてしまい、その
後、ひき逃げ事案だと判明した際には、雨や雪で証拠がなくなってしまってい
たというような事案を複数耳にしました。

　この類型などは特に、地域課員に分かってもらわないといけないので、署の
朝礼等で、倒れている人を発見した場合には、救急隊員に引き渡して安心する
のではなく、事件事故の可能性があることを念頭に周囲をよく見てほしいとい
うことについて、周知を図ってもらいたいと思います。

Q53　ひき逃げ事件の捜査に関し、証拠の収集等が不十分で立件できな
かった事案のうち、参考になるものとしては、どのようなものがあ
りますか。

A53　那須　数多くありますが、あえて1つ挙げると、自転車運転者に
けがをさせたひき逃げ事案で、被害者が、事故直後に降車し
て「危ねえじゃろうが」などと怒鳴ってきた被疑者の顔を見ていたことから、
被疑者を特定し、その取調べ時に、被害者に面通しをさせたところ「よく似て

いると思う」との供述を得て、さらに、ポリグラフ検査では「事故を起こしている可能性が極めて大きい」とされながら、被疑車両のフロントバンパーの損傷が合わないとして、署長指揮で捜査を断念したというものがあります。

　この事案では、事故後に被害者から「相手は自分の自転車を道路脇に移動させた」との供述を得たものの、既に現場で警察官が素手で触っていて自転車からの指紋採取はなされなかった上、現場では足跡の採取もなされていなかったとのことでした。

　また、この事案では、被害自転車の後部に被疑車両の塗膜片が付着しており、被疑者の特定前に行った鑑定では、色は判明したものの、車種までは判明しなかったとのことでしたが、被疑者を特定した後において、令状を得た上で、被疑車両から比較のサンプルとなる塗膜片を採取することはしなかったとのことでした。

　思うに、損傷の違いをよく見て慌てて逮捕しないというのは正しいやり方であって、間違っても、ちょっと損傷を見て「擦った跡があるよ、おじさん、引っ掛けただろう」で一丁上がりのような捜査は許されないのですが、反面、ノーズダイブ（19頁参照）によってノーブレーキの時とは傷の高さが異なるということもありますし、また、被疑車両に元々無関係の損傷があったということもあり得るので、損傷が一見合致しない場合であっても、粘り強い捜査が求められると思います。

　それから、この事案には当てはまらない指摘になるのかもしれませんが、かなり前には、県警の科捜研でできなかった損傷の鑑定が財団法人化学品検査協会（現・一般財団法人化学物質評価研究機構）では可能で、それによって事実関係が明らかになったような事案※がありましたし、現在はスプリング8による鑑定が可能であるというように、鑑定にもレベル差があるので、簡単に諦めずに徹底した鑑定を行うべきであるということは言えると思います。

補足　城　　科学的鑑定に期待するところは極めて大ですね。衝突時の速度の鑑定等は、どこまで正確にできるかという問題があり、弁護側の証人として登場する民間の鑑定人による鑑定等は、どう考えても不正確と思われるものを平気で主張する事案もあります。そのような、はっきりいえば、エセ鑑定ともいえるようなものを排除するためにも、科捜研や科警

研には頑張ってもらって、より精度の高い鑑定技術・システムや鑑定理論を構築してもらいたいと思っています。

※　軽トラック後面シートの付着物と転倒したバイクのハンドグリップはともにポリ塩化ビニールからなるが、その成分が異なるとして両車両の接触が否定された事案（別冊宝島編集部編「ザ・交通事故」（宝島社文庫、1999年）64頁以下）。

第 8 章　保険金詐欺事件

Q54　保険金詐欺事件の態様としては、どのようなものがありますか。

A54　那須　主に次のようなものがあります。

①　偽装交通事故による保険金詐欺

○　当事者があらかじめ加害者役、被害者役を決めて故意に衝突する（「でっち上げ」）。

○　車両、自転車を運転し、又は歩きながら加害車両とすべき車両を物色し、故意に接触又は衝突させて被害者として治療費等を受け取る（「当たり屋」）。

○　交通事故に見せかけた殺人

②　架空交通事故による保険金詐欺

○　車両をわざとぶつけたり、ハンマー等で破壊させて事故を起こしたと言って入院する。

○　生活上さして不自由のない身体の部位を自ら傷つけ交通事故による負傷と偽る。

③　発生した交通事故を利用する保険金詐欺

○　保険未加入者が事故を起こした場合等に加入者や車両、ナンバープレート等をすり替える。

○　自損事故で保険金の支払いがなされない場合に、自動車修理業者等と共謀して、別の車両と衝突したように装う。

○　損害を水増し請求する。

○　診断書、示談書等を偽造する。

補足　入尾野　交通事故の絡む保険金詐欺事件は、真正な事故を装っていますので、保険制度や保険金支払いの仕組み等を理解していなければ誰もが稼げるものではありません。

それでも、偽装事故、いわゆる「できレース」は、全国で発生していると思

います。一度良い思いをすれば、仲間を変えてでも何度もやるはずです。これは捜査経験上間違いありません。偽装事故の場合、加害者役と被害者役に分かれ、被害者役に入った保険金から加害者役に金が分配されます。加害者役は、けがをしても人身傷害の保険金が多少入るだけで大した額になりません。逆に、免許の行政処分や罰金を受ける可能性もあるし、任意保険料だって上がるので、仲間内で金の支払いがうまくいかなければ必ず仲間割れをします。ここで警察にたれ込むケースもあるのですが、自分も捕まりたくないので、別の仲間を誘って犯行に及ぶのです。

　今はやりのオレオレ詐欺等と同じだと思います。

　　　　　　保険金詐欺事件もいつまでたってもなくならない事件ですね。多分、我々が事件として認識しているのは、ほんの氷山の一角であることに間違いないでしょう。

Q55　保険金詐欺事件の端緒情報については、保険会社等のほか、どのような機関等から、どのような者の情報を入手することが考えられますか。

A55　保険会社等のほかにも次のような機関等から、次のような者の情報を入手することが考えられます。

① 　病院等からの端緒情報の入手
　○　外傷もないのに入院治療を要求する者
　○　交通事故による負傷と称し、以前治療した部位と同部位の負傷の治療を受けようとする者
　○　軽微な事故であるのに長期入院する者
　○　外出、外泊が多く治療に専念していないのに入院の継続を要求する者
　○　初診の診断書の受領後は治療に来ない者
　○　病室内外で非常に積極的に又は非常に元気よく示談交渉をしている者
② 　自動車修理業者等（同業他社、周辺住民等を含む。）からの端緒の把握
　○　数回にわたり、交通事故を理由とする車両損傷で修理を依頼した者

○　ハンマー等で故意に車両を損傷させながら、交通事故による損傷と称して修理を依頼した者

○　暴力団員等の使用する外車で、車検切れ寸前又は車両購入直後の車両の修理依頼をした者

③　その他の者からの端緒情報の入手

○　欠勤がちで、しばしば交通事故で入院するような者

○　自動車保険関係の知識に詳しく、日頃から保険金入手等の問題を口にする者

Q56 保険金詐欺を防止するための警察の現場のあるべき対応に関し、参考となる事案としてはどのようなものがありますか。

A56 那須　かつて「交通事故は、一部の人間にとって飯のタネになっている」と言われたことがありますが、今でもそうした甘い汁を吸おうとする人間が一部に残っていると思われます。

　これに対し、警察の現場としては、基本に基づく物証捜査を徹底することが重要です。また、不自然な事故については、厳正な捜査を行うとともに、保険会社と連携し、その人物に係る過去の事故歴や保険金の受給状況等を捜査するなどのことも必要です。

　1つ参考となる例を挙げてみますと、平成29年3月12日の産経新聞には、急ブレーキを踏んだ軽トラックにトラックがぶつかった事案で、軽トラックの傷はわずかにバンパーの中央部がへこんだ程度であったにもかかわらず、トラックの運転者Aが軽トラックの運転者Bに対し、任意保険から約200万円、労災休業給付から約450万を支払った後、BがAに対し、治療費約226万円、休業損害約5,140万円を求める訴えを起こした事案のてん末が報じられています。これによると、高級マンションに住んでいたBは、Aによる事故の前年にも、タクシー乗車中に事故に巻き込まれたとして約5,700万円をタクシー運転手や相手方の運転者に請求していた（Bとタクシー運転者との関係は不明）ほか、過去にも交通事故による補償を得ていました。また、Bの営業するリサイクル会社の実態は不明で、Aによる事故後、病院は「画像上明らかな外傷性変化はな

い」と診断したにもかかわらず、Bは頭痛や手足のしびれを訴えていました。

さらに、重要な点として、Bは、警察が撮影した写真には無かった車の傷を裁判所に提出したり、警察の実況見分では存在しなかった落下物が急ブレーキの原因になったと主張するなどしていました。

最終的には、民事裁判において、Bは、Aの弁護士から、急ブレーキを踏んだのにエンストしなかったのはクラッチペダルを踏む余裕があったからではないか、慌てて急ブレーキを踏んだというのは嘘ではないか、などと追及されて答えに窮するなどして敗訴したとのことでした。

この事案について、個人的には、警察による適正な物証捜査（この事案では写真撮影、実況見分）が、車の傷や落下物に係るBの虚偽の主張を暴く一助となったことに大いに安堵しました。

ただ、この事案では、判決で「発生経緯に不可解なところがあると言わざるを得ない」とされました（ただし、被告人が故意に急ブレーキを踏んだと断定することはできないとされましたが。）。

この点、本件の真相は不明ですが、改めて、交通事故を作出して、それを食い物にしようとする者がまだまだいる可能性をうかがわせるとともに、そのような者については、保険会社とも連携するなどして証拠を収集し、刑事事件としての捜査を徹底しなければならないとの思いを強くしました。

補足 那須　急ブレーキを踏んだ車両に追突した事案について、追突車側の刑事上の過失責任を否定したものもあります。

名古屋高判平元.2.27判時1313号167頁は、前方に割り込まれた先行車が急ブレーキを踏んで停止したために後続車が追突した事案に関し、上記割込車が「車線変更をした後、そのまま加速しながら走り去る態勢にあるにもかかわらず」、上記先行車がその後も「ブレーキペダルをいっぱいに踏み込み続け」、ついに急停止するに至るという事態は、「明らかに異常な事態であるといわざるを得ず」、後続車の運転者として、かかる「急停止までをも予見し得る可能性はな」いとして、時速50〜60kmで走行しながら当該先行車と10m前後の車間距離しか取っていなかった行為は「車間距離の保持義務を定めた道路交通法の条項に違反する運転方法に該当する」ものではあるが、「追突事故に対する過失を構成する注意義務違反行為」ではないとして、過失責任を否定しました。

このように「明らかに異常な事態」については、追突車側の過失が否定されるため、本産経新聞に掲載された事案でも、Bが急ブレーキを踏んだ理由、状況等（急ブレーキを踏むことが真に必要な状況であったか否か等）について捜査段階でさらに解明できていれば、とも考えられます。

なお、民事上、追突車側の過失責任を否定した判例としては、追突事故について、停車中に衝突したものではなく、「被追突車が青信号に従って車両を発進させた直後に理由もなく突如として急ブレーキをかけて同車両を停車させたために発生したもの」と認定し、原告（被追突車）側の一方的過失を認定したもの（名古屋地判平3.3.27）があります※。

※ 「交通事故｜いいねを押したい弁護士ブログ」(https://avance-media.com/jiko/
　2017031501/2/)

Q57　警察官が現場の状況等から保険金詐欺を看破するのは難しいのですか。

A57 入尾野　　特に以前は、警察官が現場の状況等から保険金詐欺を看破するのは難しかったように思います。

実際、私は、千葉県内で、いろいろな手口の保険金詐欺事件を手掛けてきましたが、発覚の端緒のほとんどが任意保険会社と損害保険料率算出機構からの情報提供で、まれに仲間割れによるたれ込みがある程度でした。

警察官が看破した事件では、街中の狭い路地の交差点で左折する車に足を踏まれたと言って、現場で示談を持ちかけ現金を騙し取る手口の当たり屋事件があります。現場で示談を迫られた車の運転者が110番通報をして人身事故として届出をしたため、交通課員が現場に赴き、通常の人身事故として捜査しました。現場では何ら疑問はなかったのですが、たまたま入手した防犯カメラの画像を解析したところ、どうも被害者の動きが不自然で、自分から車の左後輪付近に足を入れたように見えたため、当たり屋ではないかと上司に報告し、その情報を基に、損害保険料率算出機構に事故歴照会をした結果、毎年数回、人身事故の被害に遭って対人賠償補償金が支払われている事実が判明したため、全

ての保険金支払い請求案件資料を取り寄せて分析し、環境捜査を含めた身辺捜査等を実施して検挙しました。

　ですが、こうしたケースはまれで、現場の状況と当事者の説明に違いが見られたり、目撃者が見ていたとかの状況がなければ、警察官が現場の状況等から偽装事故等を看破するのは相当難しいと思っています。

　ただ、今では、防犯カメラの設置箇所が多くなっていますし、ドライブレコーダーの普及もあるので、今後、画像を解析することによって、保険金詐欺を看破できることも多くなっていくと思います。

補足　入尾野　過去に手掛けた事件の中には、被疑者が一日中幹線道路を走り回って追突事故を誘い込み、追突事故を成功させるたびに、頸椎の古傷（頸椎が少し欠けている。）を悪用して入院治療を受けるなどして、対人賠償補償金以外に、別の保険会社数社から保険料を騙し取っていたものがあります。

　入院中は、頸椎骨折の疑いで絶対安静でベッドに寝たきりとなるのですが、頭の中では「金、金のために我慢我慢」と言い聞かせながら寝ていたそうです。この被疑者は、個人経営者で、昔、本当の事故の被害に遭ったとき、ほとんど賠償してもらえず悔しい思いをしたため、弁護士に相談したり、専門書を買って自分で勉強し、どうすればより多くの保険金をもらえるのか調べた上で、毎年１回、事故を成功させ、騙し取った高額の保険金で中古住宅を購入し、その後、新築の住宅に買い換えるなどしていました。結果的には、賠償金が高額で、毎年のように人身被害に遭っていることに不審を抱いた保険会社が県警に相談し、警察で保険金支払い請求資料を精査し、税務署保管の確定申告書を差し押さえて偽造を看破し、公印偽造等の罪名で逮捕し、１億円以上に及ぶ保険金詐欺事件を立件したのですが、発覚までの十数件の犯行の全てにおいて、警察官が真正な事故として取り扱っていました。

Q58　警察として保険金詐欺事件の検挙等を進めていくためには、日頃からどのようなことが求められますか。

A58　入尾野　警察として保険金詐欺事件を検挙していくためには、保険会社等との連携強化（A55参照）はもちろんですが、一定の病気絡みの事故の把握と未然防止のためのシステムとして推進されている頻回事故の照会を進める必要があります。怪しい当事者の場合、過去に人身事故又は物件事故の当事者になっていないかの照会をすることによって、過去にどれだけの事故歴があるか分かるはずです。

　現場の警察官としては、常に頭の隅に保険金詐欺という言葉を置いて捜査に当たる必要があると思います。

補足　那須　やはり、保険金詐欺の疑いの有無を問わず、基本どおり、一つひとつの事故について物証捜査を徹底し、しっかりした捜査記録と写真を残しておくことが大切です。

　そうしておけば、仮に自分たちでは看破できず、他署や他県で保険金詐欺が判明した場合でも、余罪として送致することができるかもしれません。もし、そこで写真や必要な証拠がなければ、余罪送致すらできないのです（A13参照）。

Q59　A54で挙げた以外の態様による保険金詐欺事件としては、どのようなものがありますか。その事案における反省点としては、どのようなものがありますか。

A59　那須　新聞で報道された事案ですが、例えば、駐車場で目を付けた車にドライブレコーダーが装着されているか否かを確認し、装着されていなければ、その車に傷を付け、その車の運転者が戻ってきたら自車で追尾し、適当な場所で離脱する。その後、110番通報をして、「交差点を歩いていたら左折車に接触し、転倒した」と申告し、さらに、被疑車両として、上記の駐車場から追尾した車両のナンバー等を告げるという手口で、歩行

者として架空事故の被害者に成りすまし、保険金を詐取する事案を繰り返すという者がいました。

　これは、保険金を詐取するために、全く車を衝突させていない相手方車両の運転者をひき逃げの被疑者として立件させるという極めて悪質性が高いものですが、真相が明らかになるまで、かなりの数の犯行が繰り返されていました。

　この最大の反省点は、成りすまし被害者の言い分を、捜査側が被害者の言うことだからと軽信して鵜呑みにしたことですが、具体的な反省点としては、次のようなものが挙げられます。

　○　成りすまし被害者の歩行位置、相手方車両の傷跡と成りすまし被害者の
　　　負傷箇所の傷合わせ（高さ等）についての捜査が不十分であった。

　○　成りすまし被害者の前足、後足捜査がなされていなかった（成りすまし
　　　被害者は駅、バス停等から離れた場所に歩いて行ったのか、何のためにそ
　　　こに行ったのか等）。

　○　成りすまし被害者は過去に保険金詐欺の前歴を有していたが、それを把
　　　握せずに捜査を進め、また、保険会社との連携もなかった。

　○　成りすまし被害者の言い分を一方的に信用し、相手方運転者が「絶対に
　　　歩行者はいなかった」などと主張しても聞き入れなかった。

那須修　元警大交通教養部長のモノローグ　4

保険金詐欺事件の検挙と交通警察の存在意義のアピール

　私は、保険金詐欺事件のような掘り起こしというか、攻める捜査をしていくことは、交通警察、そして交通捜査部門の存在意義をアピールすることにつながると考えています。

　近年、新たな形態の犯罪の出現等もあり、警察の扱うべき事象は多岐に及んでいますが、そうした中、刑事部門や生安部門の体制強化を図るべしという考えがあります。また、テロ対策の必要性から警備部門の充実を求める声もあります。これに対し、これは交通警察による努力の結果だと思うのですが、交通事故死者や事故件数が減少しているのだから、交通部門の体制強化の必要性は薄いのではないかという意見も存在します。

　これに対し、交通警察としては、交通事故分析の必要性、交通安全教育

や指導取締りの意義等を説明するのですが、交通捜査部門としては、保険金詐欺その他の特殊事件等で、社会の闇に眠る悪質な者を暴き出して検挙する。そして、体制さえあれば、こうした悪質な者を安心して眠らせることなくもっと検挙できるとして自らの存在意義をアピールしていく必要があると思うのです。やはり、アピールをするにしても今、全然事件を挙げていないのに人をくれと言っても説得力に欠きますし、まず、社会的に意義のある事件を検挙し、積極的に広報をして社会全体に対して警鐘を鳴らし、その上で、体制があればもっと警察の威信を示すことができる、と主張していくのです。そして、そのためにも、損保協会等部外との連携が重要だと思います。

　また、保険金詐欺についての意識が常に各捜査員の頭の中にあれば、一見軽微な事故の現場における採証活動においても細かな点への配慮が行き渡り、見落とし等のミスが減るという効果も期待できるのではないかと思います。

補足　城　　詐取した保険金は、正当に保険料を支払っている人たちの権利を侵害するものですし、暴力団の資金源ともなり得るものですから、厳正に対処する必要があると思います。

第 9 章　長期未処理事件の防止

Q60　交通事故事件の捜査状況を把握するためのシステムや書式としては、どのようなものがありますか。また、このシステムや書式によって長期未処理事件を防止するためには、どのような点に留意する必要がありますか。

A60 那須　各都道府県警察には、交通事故事件の捜査状況を把握するため、交通事故捜査処理システムが導入されています。長期未処理事件の防止のためには、まず、このシステムの入力を確実に行う必要があります。

　また、交通事故事件取扱簿、人身事故捜査管理簿、物件事故捜査管理簿、捜査参考簿、長期未処理事件一覧表、未検挙ひき逃げ事件管理簿、交通法令違反管理簿等の書式が定められているので、これらの書式を組織的に管理するとともに、担当者としては確実かつ速やかな記載・作成に努め、また、幹部としては、捜査の各段階において、担当者以外の警察官に書式の内容を確認させるなどして、捜査状況の確実な把握に努め、長期未処理事件を防止するように努める必要があります。

Q61　長期未処理事件を防止するための取組としては、どのようなものがありますか。

A61 入尾野　千葉県警では、今、春と秋の異動期検証と年1回の交通部巡回指導時に、交通官・交通課長に対して、適正な捜査管理の徹底を指導し、交通警察官に対しては、本来の交通任用科と交通事故事件捜査専科のほか、専科に入らず交通登用された新任交通警察官に対する教養（現場の見方、写真撮影、実況見分、取調べ等）、交通鑑識による実践塾、中堅・若手警察官のブロック別勉強会等の教養機会、そして、技能指導官による新人警察官個別指導等を実施して、交通捜査の基本と面白さを教えています。

　直接的な長期未処理事件対策としましては、本部交通捜査課の事件捜査指導班2個班4名体制で、多発署に赴いて直接、捜査支援をしたり、事件ごとに現物記録を確認し、担当者に足りていない捜査事項等を具体的に指導するとともに、その指導事項を記載した指導表を交通課長等に示して、以後の捜査指揮・管理の徹底が図れるようサポートしています。

　そのほかには本部交通捜査課においては、重大特異事案など、発生段階から確実な捜査支援が図られるよう三部制の初動支援班（1個班2名）の運用を行っていますし、若手交通警察官の早期育成を目的に、交通捜査課との兼務発令による1か月間の実務研修が実施されるようになりました。また、一部の署を除き、交通課に指導・支援係を新設し、若手の育成と未処理事件の解消を含めた適正捜査の推進を図る運用を開始しました。

　また、まだ試行運用中ですが、交通警察の悪しき風潮である「受理した事故は担当者責任」を改善すべく、大きく改善が図られています。

補足　村井　ある警察署の刑事課の係長が、被疑者が判明している未処理事件150件以上を全て処理してくれと下命され、1年少々で全事件を送致したという話があります。

　部下は経験の浅い若手ばかりだったようですが、全事件の記録を整理、「見える化」して係全員で共有し、「今日の午前はA事件の参考人聴取、午後はB事件の被害者聴取」というように時間軸でスケジュールを埋め、一応の事件担当者は決めるけれども、いなければ手の空いている者に担当させて、複数の事件を並行して処理していったそうです。

　しかも、若手に捜査のイロハを覚えさせ、事件送致の喜びを持たせることができたというから一石二鳥と言えます。

　1人の中堅を軸にして、経験の浅い捜査員をチームで運用すれば、かなり効率よく捜査を進めることができ、若手の育成にもつながるというのは、事故捜査においても参考になるのではないかと思います。

　最近、1つの事故を複数の捜査員で担当する試みが全国的に増えているように思いますが、そういった取組にも同様の効果があるかもしれません。

那須修　元警大交通教養部長のモノローグ　5

幹部として長期未処理事件を防止する能力

　長期未処理事件には様々な原因があり、例えば、捜査員ごとに業務量の偏りがあり、過重な負担を抱える捜査員がいる場合もあれば、そもそも書類の作成に精通しておらず、1件当たりの処理に時間を要するような捜査員が、より早期に処理すべき事件を溜めてしまうような場合もあります。

　こうした事案を防止するためには、事件の難易度、捜査員の捜査能力、手持ち事件の状況等を考慮の上、事件の再配分を行うこと等が考えられます。また、例えば、基本書式作成の経験が乏しく、書類作成に時間がかかる捜査員には、適宜、基本書式適用事件を担当させ、幹部が個別指導しながら事件をまとめる等の方法により、実務能力の向上を図ること等が考えられます。

　さらに、事件ごとに長期未処理となっている理由を見てみると、例えば、当事者の言い分が食い違っているため、実況見分調書の作成ができないなどとして、処理に時間がかかってしまうような場合もありますが、こうした場合には、それぞれの指示説明による実況見分調書を作成するなどのやり方があるので、いつまでも悩まずに適宜処理を進めるよう指導する必要があります。一方、当事者が入院しているので捜査が進まないなどと捜査員が言うため、そのままにしていたところ、いつの間にか当該当事者が退院していたなどということもあるので、幹部としては、捜査員の言うことを鵜呑みにするのではなく、長期未処理事件については特に、適宜、捜査員に対して必要な確認や指示を行うこと等が求められるのです。

　いずれにせよ、長期未処理事件の防止には、課で抱えている事件事故がどのくらいあるか、各捜査員が抱えている事件事故はそれぞれどのくらいあるか、各捜査員の処理能力はどのくらいか、それぞれの事件事故の捜査状況はどのようなものか、捜査が進まない原因は何か等を把握する必要があり、これらを把握するためには、課員とのコミュニケーションを日頃から密にする必要があります。そして、課員の言うことによく耳を傾けつつ、適宜必要な指示を行う必要があるのです。

　その意味で、長期未処理事件を防止する能力とは、幹部として有すべき

能力そのものともいえるのです。

　なお、上司として不適切な対応、例えば、部下職員が作成した捜査書類に対して毎回ダメ出しをするだけで、具体的な指導は一切せずに困惑する部下職員を放置したり、さらには、パワハラもどきの言動があって部下職員が決裁書類を上げにくい雰囲気を作ったりすることが長期未処理事件の原因となるような事態は、決して生じさせてはなりません。

補　足　城　警察から送致されてくる事件で事故発生から長期間を経過している事件の中には、信号機のある交差点で両方ともが青色主張であったため、よく分からず放置していたようなものもありましたが、そういったときは、送致前の段階でも検察官と相談しておおむねの方針を決めて早めに送致できるようにした方がよいと思います。

第２編

飲酒運転をめぐる諸問題

違反を決して見逃さず、厳正に
法令を適用することによって、
飲酒運転の再犯を防止する。

| 第 | 1 | 章 | **飲酒運転の取締り** |

Q62　飲酒運転取締りの現場は、今どのような状況になっていますか。

A62　入尾野　法改正によって飲酒運転の罰則強化や周辺者三罪の新設等がなされ、結果として飲酒運転による交通事故は減少傾向にありますが、それでも飲酒運転をする悪質違反者がいなくなったわけではありません。

　飲酒運転取締りのための交通検問を実施する場合、飲酒事故の発生状況や飲食店からの抜け道等、地域性を勘案して検問場所を選定して行っていますが、その対象となり得る者等が、携帯電話等を使って警察の動向について連絡し合ったりするので、警察としても工夫が求められます。一方、取締りの現場では、警察官の指示に従わずに逃走したり、停止しても運転免許証を提示しなかったり、飲酒検知を拒んだり、飲酒検知を受けたにもかかわらず検知管の確認の際に奪い取って破壊したりするなど、悪質な運転者が後を絶ちません（こうした者に対する措置として第2章参照）。

　また、取締りの現場で飲酒検知をする機会が激減しているため、本部では、飲酒検知の機会が少なくなっている若手警察官等のために、実践塾や取締担当者会議等で教養を実施し、署においてはその還元教養として地域課員を含め、実践的な飲酒検知要領等に関する指導を継続しているというのが実状です。

Q63　飲酒運転取締りの現場では、どのような対応が求められますか。

A63　入尾野　現場の対応要領として、飲酒運転に関しては、胸を張って対応し、絶対に逃げられない、逃がさない、という強い気持ちを持って対応することが一番です。たとえ違反者が、どんな人であろうが関係ありません。

　通常の違反の場合には、違反者に対する言動・態度に特に留意しながら対応しなければなりませんが、飲酒運転の場合、子供でも悪いことだと知っていますので、少しでも酒臭がすれば、あくまで状況次第とはいえ、多少は強く言ってもよいだろうと思います。

　しかし、感情的になって対応するのは逆にマイナスです。違反者の年齢や職業等を考慮せず、警察官だからといって頭ごなしに高飛車な態度や言動で臨めば絶対に悪影響を及ぼします。過去の公妨事件や否認事件を見れば、警察官の言動態度が原因となっているものが少なくありません（特に若い警察官が多い。）。違反者が年配者であれば、最初は敬語を用いながら説得するなど、相手を立てるところは立てる必要があります。

　実際、飲酒運転が悪いというのは、警察官が説明するまでもなく、違反者本人が一番分かっていることです。人間は痛いところを突かれれば反発するのが常ですから、その心理を読み、相手の風体や態度で人柄を読み、相勤者と連携しながら、違反者に合った言葉遣いで対応することです。

　その上で、警察官の対応により、最終的に反省（後悔）し、呼気検査にも応じ、必要な質問等に答えた上で交通切符等にも署名指印するか否かといった本人の状況等も考慮した上で、強制捜査に至らない場合もあるでしょう。しかし、悪質な違反者に対しては、ひるむことなく積極的に強制捜査で臨む強い姿勢を堅持しなければなりません。

　違反者心理を理解した上で反省に至るようにうまくもっていくことが大事だけれども、そうした余地が認められない（逮捕の要件を満たすと思われる）悪質な者等には逮捕も辞さない強い姿勢が現場には求められるということですね。

Q64

呼気検査に伴う実力行使は、どの程度認められるのですか。

A64

那須

　警察官としては、強制的に身体を押さえ付けて無理やり呼気検査をすることはできませんが、呼気検査に応ずるよう強

く説得することはでき、状況に応じ、説得に必要な限度、例えば、酒臭を漂わせながら呼気検査を拒む者に対し呼気検査に応ずるよう説得する過程で、その者の腕に手をかける程度の実力行使は可能と考えられます。

　また、停止後、警察官の指示に従わず、勝手に発進しようとする自動車等に対しては、具体的な状況に応じ、ドアやハンドルをつかむ、エンジンのスイッチを切る、エンジンキーを抜き取って保管する、警察車両で取り囲むなど一定程度の実力行使が認められることがあります。

　例えば、最決昭53．9．22刑集32巻6号1774頁は、信号無視車両を停止させたところ運転者が酒臭をさせていたので、呼気検査する旨を告げたところ、警察官に渡した免許証を奪い取り、自動車を発進させようとしたため、警察官が運転席の窓から手を入れ、エンジンキーを回してスイッチを切った事案について、「警察官職務執行法2条1項の規定に基づく職務質問を行うため停止させる方法として必要かつ相当な行為であるのみならず、（道交）法67条3項（現・同条4項）の規定に基づき、自動車の運転者が酒気帯び運転をするおそれがあるときに、交通の危険を防止するためにとった必要な応急の措置に当たる。」としました。

　ただ、許容される実力行使の範囲はあくまで状況次第であるため、事案に応じた判断が求められます。

　　　　　　　　　　場合によって実力行使が認められるが限定的であり、適切
補足　村井　な判断が必要だということですね。相手の逃走を許してはいけないと思いますが、他方で受傷事故を警戒する必要もあるでしょうね。

第 2 章　呼気検査拒否罪（飲酒検知拒否罪）、強制採血

Q65　事故を起こしておらず、呼気検査を拒否した被疑者を逮捕する場合は、常に呼気検査拒否罪（飲酒検知拒否罪）によることになるのですか。

A65
那須
　ケースバイケースですが、被疑者が酒気帯び状態で呼気検査を拒否する場合には、呼気中アルコール濃度が測定できていないわけですから、呼気検査拒否罪で逮捕することになると思われます。

　ただ、当然のことながら、「運転継続のおそれ」等、呼気検査拒否罪の要件を満たしているかどうかは慎重に確認しなければなりません（A66参照）。例えば、少なくとも「呼気検査を求めた際に、運転者が酒気を帯びていたと疑うべき徴候」は必要（東京高判昭58. 9. 6刑月15巻 9 号431頁）ですし、逮捕に当たって、被疑者の飲酒状況等は、酒臭、顔色、言動等から十分に検討する必要があります。呼気検査を拒否すれば何でも逮捕などという話ではないので、こうした点は十分に認識しておく必要があります。

　一方、被疑者が泥酔状態で物理的に風船を膨らませることができないような場合には、呼気検査拒否罪の故意が認定できないおそれがありますので、こうしたおそれがあるような場合には、酒酔い運転の被疑事実で現行犯逮捕すべきと考えられます。

＜参　照＞

○　道路交通法

第65条第 1 項　何人も、酒気を帯びて車両等を運転してはならない。

第67条第 3 項　車両等に乗車し、又は乗車しようとしている者が第65条第 1 項の規定に違反して車両等を運転するおそれがあると認められるときは、警察官は（略）その者が身体に保有しているアルコールの程度について調査するため、政令で定めるところにより、その者の呼気の検査をすることができる。

第118条の 2　第67条（危険防止の措置）第 3 項の規定による警察官の検査を

拒み、又は妨げた者は、3月以下の懲役又は50万円以下の罰金に処する。

○　道路交通法施行令

第26条の2の2　法第67条第3項の規定による呼気の検査は、検査を受ける者
にその呼気を風船又はアルコールを検知する機器に吹き込ませることにより
これを採取して行うものとする。

Q66　　呼気検査拒否罪による現行犯逮捕に先立って行うべきことは何で
すか。

A66 　　呼気検査拒否罪で現行犯逮捕をする場合には、それに先
立って交通検問等で運転者の酒気帯び状態を認知した後、ま
ず、

①　検問場所が運転者の目的地ではないこと
②　今後の「運転継続のおそれ」があること
を明らかにする必要があります。

　そして、
③「飲酒検知の着手を違反者に明確に告知し、応ずるよう説得する」こと
が必要になるので、これを確実に行うため、必ず相勤者と連携し、感情的にな
らず、冷静になって、任意性を担保するようにしながら、
○　顔色や酒臭等から飲酒運転が外観上明白である場合には、その旨
○　身体に保有するアルコールの程度を調査するため、飲酒検知を行うこと
○　飲酒検知に応じない場合、飲酒検知拒否罪になること
等について分かりやすく説明し、飲酒検知に応じるように説得するとともに、
その様子を確実に記録しておくことが求められます。

　なお、違反車両を止めた後は、運転者の出方を見ながら現行犯逮捕の方向で
進めるか否かを相勤者に伝え、早めに方針を決めるようにします。というの
も、長々説得して平行線のまま進み、最終的に現行犯逮捕をしようとしたよう
な場合には、現行犯逮捕に係る時間的接着性の問題が出てくる（A67参照）の
で、早めに方針決定した上での対応が重要です。

　一方、違反者が泥酔状態で、警察官の説明や説得に理解を示さないような場合は、迷わず、酒酔い運転で身柄を取るという姿勢が必要だというのは言うまでもありません（A65後段参照）。

補足　那須　　今、入尾野さんが指摘した②の「運転継続のおそれ」に関しては、被疑者が運転しようとしている自動車が自走可能かどうかを確認しなければならないようなこともあります。

　物損事故現場に行ったところ、運転者が強い酒臭を漂わせながら呼気検査を強硬に拒んでいたので呼気検査拒否罪で現行犯逮捕したものの、実はその者が運転していた車両の右前輪がパンクしていて、自走可能かどうかすぐには分からなかったという事案がありました。

　状況次第なので何とも言えませんが、こういう場合は成否に疑義のない別罪、例えば、安全運転義務違反等で逮捕するという手もあったかもしれません。

Q67　呼気検査に応ずるよう説得する際の留意点は何ですか。現行犯逮捕に至るまでには、どのくらいの時間説得しなければなりませんか。

A67　那須　　呼気検査に応ずるよう説得するに当たっては、任意性に疑いを持たれるような実力行使を避けなければならないのは当然のこととして、相手方に対しては、「飲酒運転の疑いがあるので、身体に保有するアルコールの程度を調べるため、呼気検査を行います。呼気検査に応じない場合には、呼気検査拒否罪になります。」ということをはっきり伝える必要があります。

　そして、呼気検査拒否罪による現行犯逮捕に至るまで、どのくらいの時間説得しなければならないかというのは、難しい判断が求められます。あくまでケースバイケースと考えられますが、あまりに説得が長引くと、今度は、次第に現行犯人としての時間的接着性の問題が生じてきます。そう考えますと、個人的には、15分とか20分あたりかなあという気もしますが、被疑者が強硬に拒

否している場合や逃げようとしている場合まで全く同じだということはないと思いますので、明確な基準を示すことは困難と思われます。あくまで、状況を考えながら、短すぎず、長すぎず、というところだと思います。

　なお、呼気検査に応ずるよう説得し、逮捕したような場合には、事後的に捜査報告書を作成して公判等に備える必要があります。複数の警察官で説得に当たる場合には、1名が説得中の時間的な流れを適宜メモしておくことが考えられます。

Q68　パトカー内で2人の警察官が運転者を挟み込んで事情を聴いている際に呼気検査を拒否した場合には、呼気検査拒否罪は成立するのですか。

A68　入尾野　千葉県では、呼気検査拒否罪の構成要件である「乗車しようとしている者」の要件を厳格に解しており、パトカー内等において警察官によるサンドイッチ状態にある場合は、被疑者は身動きが取れない状態にあるから「乗車しようとしている者」に当たらないとして、同罪の適用は不可という運用をしています。

　その代わり、パトカー内での事情聴取が終わればパトカーから被疑者を降ろすのですが、その際には逃走防止に留意しながら動静を注視し、「乗車しようとしていること」が客観的に認められるような状態になれば、そこで逮捕することとしています。

補足　城　平成18年から19年上半期にかけ、私が大阪地検の交通部長であった頃には、被疑者を取り逃がして自動車を運転させることがないようにするため、パトカーの中で警察官に挟み込まれた状態で呼気検査を拒否しても呼気検査拒否罪は成立するとの解釈を確定させ、その指示を行き渡らせないといけないと考えました。

　そこで、法務省刑事局とも相談し、明らかに運転を継続する意図がないと分かる行為、例えば、タクシーをその場で呼んだような例外的な場合でなければ、基本的に運転継続の意思があるものと推認されるとして、パトカーの中で

の挟み込み状態での拒否行為に対しても呼気検査拒否罪による立件は可能との結論に至り、その旨を部下に指示したことがあります。

　しかしながら、今ではそうした運用はなされていないようなことについては、残念に思います。

　私は、呼気検査拒否罪は、もっと積極的に適用すべきだと思います。そうでなければ、飲酒運転の抑止力が弱くなるからです。実際に、この罪を立件して検察庁に送致しても、酒気帯び運転で処罰できますので、呼気検査拒否罪については不起訴にしようとする検察官もいます。私は、呼気検査拒否罪というのは、酒気帯び運転を隠蔽しようとする極めて悪質な犯罪であると思っていますので、私が関わる限りは必ず処罰の対象としていました（呼気検査拒否罪と酒気帯び運転は併合罪の関係にあります。）。

補足 村井　呼気検査拒否罪の検挙のためには、城さんのおっしゃったパトカーの中で 2 人の警察官に挟み込まれた者に対しても呼気検査罪を適用する運用は極めて意味があると思うのですが、どうも今はその運用は一般的ではないようです。重要な論点ですので、今後、関係者間でより良い運用に向けた議論等が再びなされることを期待したいと思います。

Q69　呼気検査拒否罪による逮捕後の手続における留意点は何ですか。

A69 那須　呼気検査拒否罪で逮捕した場合には、本署に引致するなどして、強制採血の手続を採ることになると思いますが、その際、逮捕に伴う諸手続、例えば、弁解録取書の作成、留置の要否の判断等を忘れてはいけません。さらに、酒気帯び運転等の立証のため、被疑者の飲酒先や一緒に飲んだ者等の捜査を進めなければなりません。

　呼気検査拒否罪で逮捕した以上、その後、呼気検査に応ずるよう被疑者を説得する必要はないのですが、逮捕後、被疑者が自ら呼気検査に応じる旨を申し出た場合には、強制採血をせず、呼気検査をしても差し支えありません。ただ、被疑者によっては、呼気検査に応ずる旨申し出ながら、実際にはこれに応

じず、採血までの時間稼ぎを狙う者もいますので、実際に呼気検査を行うまでは、強制採血の手続は粛々と進めなければなりません。

　なお、令状請求中に被疑者が呼気検査に応じた場合には、その旨を裁判所に説明して請求を取り下げる、令状を執行しようとした時に呼気検査に応じた場合には、検査調書にその旨を記載して経緯を明らかにしておく、といった必要があります。呼気検査をした後に、強制採血を行ってはいけません。

Q70　強制採血の手続はどのようなものですか。近年簡略化がなされたのですか。

A70　那須　強制採血の場合、鑑定処分許可状と身体検査令状の双方の発付を得た上で、鑑定処分許可状には「採血は医学的に相当と認められる方法によること」、身体検査令状には「採血は医師をして医学的に相当と認められる方法により行わせること」等の条件を付します。また、採取する血液の量については、必要最小限、一般的には、4ミリリットル以内とします。

　そして、呼気検査拒否罪で逮捕した場合であっても、その手続と切り離して、酒気帯び運転又は酒酔い運転の犯罪事実を構成して強制採血のための令状請求をしても構いません。その際には、不動文字を多用したマークチェックの選択形式による簡便な総括報告書を作成します。

　以前は、強制採血については、あくまで呼気検査拒否罪や業務上過失致死罪等で現行犯逮捕した被疑者について酒気帯び運転を立証するという観点から、呼気検査拒否罪等の現行犯人逮捕手続書等の添付が求められ、書類も簡略化されていませんでした。

　しかし、令状請求までに時間を要し、結果的に血中アルコール濃度が政令数値を下回る、いわゆるゴネ得がしばしば生じたことから、運用が改められたものです。

補足　入尾野　千葉県でも平成19年に、裁判所、検察庁と協議を行い、交通違反と交通事故絡みの事件に限定して強制採血の令状請求

を簡略化することとし、「鑑定処分許可状」と「身体検査令状」の請求書に、簡略化した「強制採血の必要性に関する捜査報告書」、「強制採血に関する電話連絡捜査報告書」（参考資料として、被疑者の人定関係を裏付ける「運転免許証の謄本」、被疑車両を特定する「写真」、「自動車検査証の謄本」等）を添付して請求できるようになりました。

Q71　令状請求までに時間を要し、結果的に血中アルコール濃度が政令数値を下回るような事案は今でもあるのですか。

A71　那須　皆無ではありません。実際に、事案の内容をよく把握していない者に令状請求をさせたため、裁判官の質問にうまく答えられずに、別の者を派遣することになり、必要以上に時間がかかってしまったというようなこともありました。

　また、鑑定処分許可状に記載された鑑定人である採血医師の下に被疑者を連れていったところ、その医師が宿直明けで帰宅してしまっており、迅速な採血ができなかったようなこともありました。さらに、日頃採血を依頼している医師に夜間依頼しようとしたところ、出張していることが分かったものの、そこから代わりに誰に頼めばいいのか分からずに時間を要したという事案もありました。

　こうしたことからも、やはり、あらかじめ病院とよく連絡を取るとともに、日頃から一人の医師に頼らず、複数の医師に依頼できるようにしておく必要があると考えられます。

補足　入尾野　飲酒運転絡みの事案は夜間帯に発生することがほとんどで、当直体制のため係員が少なく、非常招集を行っても人員が揃うまでは限られた人数で事案対応等に当たるしかないため、肝心の書類作成に時間を要してしまい、令状発付後、強制採血して鑑定嘱託しても数値が政令数値以下であったり、検出なし、という結果もまれではありますが見られました。

　そんな状況を改善するため、千葉県警では平成28年4月から交通捜査課事件

捜査指導係に3部制運用による初動支援班を配置し、特に夜間帯に発生する重大特異事案等の捜査支援に交通鑑識班とともに当たるようになっております。

補足 城　私としては、物理的に医師がいないとか、裁判官が速やかに令状を出さなかったとかという問題は今後も起き得ますし、そのような問題がなくなることはないと思います。交通事件捜査に理解のある関係者はそう多くはないのですから。

　そうであるなら、我々はそのような問題が起きることを前提に対処することを考えるべきであって、それは採血の結果が酒気帯び運転の基準に達していなくても、経過時間を考慮して、ウィドマーク式計算法等（A74、A75参照）で計算して、立件すればいいのです。その方式を使うのであれば、極論すれば、ゴネ得などというものは絶対に起き得ないことになるのですから。

補足 那須　城さんのおっしゃったウィドマーク式計算法等の活用は全くそのとおりで、その考え方は全国に周知徹底すべきだと思います。ただ、令状請求の手続を開始してから実際に採血するまで6、7時間を要した結果、採血をしてもアルコールが全く検知されないような事案もあり、こうなると、場合によってはウィドマーク式計算法を用いても立件が容易でないこともあるので、令状請求の時間短縮に向けた取組も常に念頭に置いておく必要があると思います。

第 3 章　飲酒運転の故意

Q72　酒酔い運転及び酒気帯び運転の故意とは、どのようなものですか。

A72 那須　酒酔い運転の罪の故意に関しては、最高裁は、「行為者において、飲酒によりアルコールを自己の身体に保有しながら車両等の運転をすることの認識があれば足りるものと解すべきであつて、アルコールの影響により『正常な運転ができないおそれがある状態』に達しているかどうかは、客観的に判断されるべきことがらであり、行為者においてそこまで認識していることは必要でない」としました（最判昭46.12.23刑集25巻9号1100頁）。

　また、酒気帯び運転の罪の故意に関しては、「行為者において、アルコールを自己の身体に保有しながら車両等の運転をすることの認識があれば足り、（政令）所定のアルコール保有量の数値まで認識している必要はない」としています（最決昭52.9.19刑集31巻5号1003頁）。

Q73　酒気帯び運転に関し、故意が認められず無罪となった事案はありますか。

A73 那須　酒気帯び運転の故意の有無が問題になった事案としては、例えば、呼気検査により政令数値以上のアルコール濃度が認められ、酒臭、目の充血等があったにもかかわらず、被告人の、飲酒が運転前夜であり、数時間眠ったので、アルコールを身体に保有している認識がなかったという弁解を排斥できないとして、酒気帯び運転について無罪となった判例があります（宮崎地高千穂支判昭63.12.8判時1300号157頁。酒気帯び運転の基準が呼気アルコール濃度0.25mg/l 以上とされていた当時の判例）。

　さらに、「昨夜飲んだ焼酎のアルコール分もまだ完全に抜け切ったとは思いませんでしたが、酔ってはいなかったので」という被告人の供述について、

「アルコール分が体から『抜け切ったとは思わなかった』ことを認めるものであるが、しかし、それで、ただちに、アルコール分が残っていると思ったとの趣旨の供述であるとは解することはできず、抜け切ったとも思わなかったし、残っているとも思わなかった（要するに、アルコールのことは考えなかった）との趣旨の供述とも解しうる余地があり、酒気帯び運転の故意を認めたものとするにはあいまいであるうえ、被告人は、本件事故の直後、『昨夜は飲んだ量が少なかったし、目覚めがさわやかでしたので酒気帯び運転のことなどまったく頭にありませんでした』とも供述しているのであるから、上記供述を被告人が酒気帯び運転の故意を自認したものとまでみることはできない」とした判例もあります（鹿児島地判平元.10.26判タ726号244頁）。

　なお、こうした無罪事案があることを踏まえつつ、心を込めた説得によって「アルコールがまだ残っていることは分かっていた」、「完全に酒が抜け切っていないことは分かっていた」といった真実の供述が得られることもある、とする解説もあります※。

※　清水勇男ほか「改訂　新・交通事故捜査の基礎と要点」（東京法令出版、2014年）123頁

那須修　元警大交通教養部長のモノローグ　　6

交通安全教育の重要性

　飲酒運転の被疑者による「一晩寝たので酒が抜けたと思った」などという言い訳を封じるためには、日頃からの交通安全教育の持つ意味が非常に大きいと思います。

　例えばハイドロプレーニング現象でも、これがあまり知られていなかった頃は、「ハイドロプレーニング現象による極度に滑りやすい状態の下での事故はそれまでにほとんどなかった稀有な事例に属するものであり、自動車運転者、ことに高速バス運転者一般にこのような事故についてまでの予見可能性はなかった」とされ、過失責任が否定された事案があります（大阪高判昭51.5.25刑月8巻4-5号253頁）。また、SAS（睡眠時無呼吸症候群）についても、「睡眠時無呼吸症候群は、専門医の間では以前より知られている病気ではあったが、これが一般に認識され、その危険性が社

会的に認知されるようになったのは、平成15年2月27日に山陽新幹線の運転手が起こした居眠り運転事故が実は睡眠時無呼吸症候群に由来することが大々的に報道されるようになった時以来のことであったと認められるのであって、本件当時、市井の一私人である被告人に、その病気やその危険性を疑うべきであったとする義務を課することは困難である」として、平成14年8月に居眠り運転で事故を起こした被告人の過失責任が否定された事案がありました（大阪地判平17.2.9判時1896号157頁）。

　しかし、ハイドロプレーニング現象にしてもSASにしても、それが十分に知れ渡った今となっては、上記のような無罪判決がそのまま維持されるとは思いません。

　そう考えると、基本的なアルコールの知識、特に、どのくらい酒を飲めばどのくらいの時間が経過してもまだまだ酒が残っているというようなことが、免許取得時や更新時、あるいはその他の様々な機会で徹底的に教育がなされ、裁判官も含めて世間的に当然のことと認識されるようになって、「ハンドルを握る人がそんなことを知らないなんてあり得ないでしょう」というレベルに達すれば、「一晩寝たので酒が抜けたと思った」という言い訳が通る余地は減ってくるのではないかと思いますし、そもそもそうした事案が目に見えて減少するのではないかと思います。

第4章　ウィドマーク式計算法等

Q74 飲酒後、ピークに達するまでの呼気中アルコール濃度は、どの程度のものですか。

A74 那須　　飲酒すると、アルコールは、小腸や胃を通じて徐々に体内に吸収されます。それに伴い、呼気中アルコール濃度は当初急上昇しますが、ピークが近づくにつれ、上昇率は低下します。

　このピークに達する時間（飲酒開始後の時間）及びその時の呼気中アルコール濃度は、飲酒量ごとに異なりますが、ある実証実験によれば、アルコール濃度16%の日本酒を飲んだ場合には、おおむね次のとおりとなります※。

・　10～15分で200ml飲酒：数十分後、0.18～0.28（mg/l）
・　15分で300ml飲酒：約1時間後、0.27～0.37（mg/l）
・　20分で400ml飲酒：約1時間後、0.36～0.6（mg/l）
・　30分で600ml飲酒：1～2時間後、0.57～0.73（mg/l）

　なお、その際の呼気中アルコール濃度の経時的変化は、次図のとおりとなります（それぞれ、中間値を表したもの）。

アルコール度数16％の日本酒を飲んだ場合の呼気中アルコール濃度の経時的変化（中間値）

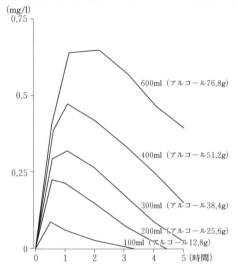

※　溝井泰彦教授の論文「アルコールの代謝の個人差に関する研究─特に血中アルコール濃度とβ値について─」（日本アルコール医学会雑誌「Japan J. Stud. Alcohol」8（4）179頁以下）における実験による。

　なお、当該実験では血中アルコール濃度が算出されましたが、本書では、これを、1／2000（道交法施行令44条の３参照）として、呼気中アルコール濃度に換算しました。

Q75　飲酒後、ピークに達した後の呼気中アルコール濃度は、どのようにして求められますか。

A75　那須　ピークに達した後、呼気中アルコール濃度は徐々に低下するところ、事故を起こした直後に同濃度の検査ができなかった場合には、その減少率等を用い、次のようにして事故時点での同濃度を求めます（ウィドマーク式計算法等）。

　ただし、呼気中アルコール濃度がピークに達する時間及び同濃度の減少率には個人差があり、かつ、体調や飲酒状況等にも左右されるため、次の方法を用

いる場合には、飲酒状況等を十分捜査することとし、酒気帯び運転等を立件しようとする場合に、基本式を用いて算出した値の下限が0.15mg/lに近いときには、特に慎重な捜査が必要になると考えられます。

1　事故 t 時間後の呼気中アルコール濃度から事故時点での同濃度を求める方法

　日本人の1時間当たりの呼気中アルコール濃度の減少率 β は0.055〜0.095（平均0.075）であるため、事故時の同濃度 c （mg/l）と事故 t 時間後の同濃度 c' （mg/l）との関係は、次のように表されます。

$c' + 0.055t ≦ c ≦ c' + 0.095t$

c 　：事故時の呼気中アルコール濃度（mg/l）

c' 　：事故 t 時間後の呼気中アルコール濃度（mg/l）

2　飲酒量から、その t 時間後の呼気中アルコール濃度を求める方法

$$C' = \frac{A(=D \times Cd \times sg)}{2 \times W \times \gamma} - \beta \times t$$

C' ：飲酒 t 時間後の呼気中アルコール濃度（mg/l）

β 　：1時間当たりの呼気中アルコール濃度減少率（mg/l）

t 　：飲酒後の経過時間（時間単位）

A 　：アルコール摂取量（g）

D 　：飲酒量（ml）

Cd ：飲物のアルコール濃度（例えば5％なら、0.05とする。）

sg ：アルコールの比重

W 　：体重（kg）

γ 　：アルコール体内分布係数（体内でアルコールが分布しにくい骨等の硬組織や脂肪組織等を差し引くための係数）

　ここで、アルコール比重は0.8、日本人のアルコール体内分布係数 γ は0.60〜0.96（平均0.78）なので、これらと上記 β の値を上の式に代入すると、飲酒 t 時間後の呼気中アルコール濃度 C' （mg/l）は、次のように表されます。

$$\frac{5 \times D \times Cd}{12W} - 0.095t \leqq C' \leqq \frac{2 \times D \times Cd}{3W} - 0.055t$$

補　足　入尾野　千葉県警では、本人供述の飲酒量が、飲酒検知により検出した数値と矛盾する又は飲酒先や同席者に対する裏付け捜査の結果から得られた飲酒量と異なる場合等には、必ずウィドマーク式計算法等を運用することにしています。

それによって被疑者供述の信憑性が明らかになり、否認した場合の追及材料になるからです。

Q76　飲酒運転により事故を起こしたとみられる者について、呼気検査を2回行う運用がみられていますが、これはなぜですか。

A76　那須　呼気中アルコール濃度は、飲酒してから一定時間経過後にピークに達するということを念頭に置いておかなければなりません（A74の図参照）。

そして、近年、事故を起こしてから少し時間が経過して行った飲酒検知で基準値を上回る値が出ても、「自分は事故を起こす直前に飲酒したので、事故を起こした時点ではまだ呼気中アルコール濃度はピーク前で、基準値には達していなかったはずだ。」などといった抗弁が広がりつつあります。

そこで、事故を起こした時点における呼気中アルコール濃度をウィドマーク式計算法等によって、より正確に明らかにするために、被疑者の呼気中アルコール濃度減少率を明らかにすべく、被疑者本人の了解を取って、飲酒検知を少し時間を空けて2回行う運用が広がっているのです。

入尾野　千葉県警では、交通事故の発生から飲酒検知まで時間が経過しているようなケース、すなわち、

○　被疑者が病院に搬送されてしまっている場合
○　現場から立ち去ったが、再び現場に戻ってきた場合

○　ひき逃げ事件で被疑者を発見確保した場合

○　追い飲み行為があった場合

等には、必ず、被疑者から同意書（飲酒検知を2回測定することに同意する。）を取って2回目の飲酒検知を行うようにしています。2回目の飲酒検知については、基本的に第1回目の飲酒検知から1時間経過後に実施するのがベストだと聞いています。

　実際、追い飲み行為のアルコール影響発覚免脱罪を適用した死亡ひき逃げ事件や危険運転絡みの事件等で多く活用していますが、公判等で問題視されたこともなく、千葉県警ではもう捜査手法の1つとして確立されています。

補足　入尾野　　千葉県警が呼気検査を2回行う運用を開始したのは、日本医科大学法医学教室准教授の長谷場健先生からの勧めによるところが大でした。

　平成24年6月頃、先生らが共同研究された「呼気アルコール濃度2点測定による事故時アルコール濃度推定の有効性」という論文をいただき、「ウィドマーク式計算法は、日本人成人男性の代謝率（減少率）の平均値を採用しているため、算出される数値の最大値と最小値に大きな幅が出てしまう。これを時間を空けて2回測定することにより、その人の代謝率が更に特定され、これを計算式に当てはめて算出することによって、その人個人の代謝率に基づいた体内アルコールの数値が算出可能となる。」と教えていただいたのがきっかけです。

Q77　ウィドマーク式計算法等を用いる際の留意点は何ですか。

A77　那須　　ウィドマーク式計算法等を用いる上では、誤差があるということを念頭に置いておく必要があります。

　呼気中アルコール濃度がピークに達する時間及び同濃度の減少率には個人差があり、かつ、体調や飲酒状況等にも左右されること、また、アルコール比重は温度等によって変化すること、缶、瓶等の容量、アルコール濃度の表示には

法令上一定の誤差が認められていること等誤差を生み出す要素には様々なものがあります※。

　そのため、こうしたものも含む各種数値については常に被疑者有利の原則を貫く必要があり、また、酒気帯び運転等を立件しようとする場合に、計算値の下限が0.15mg/l に近いときには、特に慎重な捜査が必要になります。

※　例えば、計量法第12条等により、350ml や500ml の缶ビールや、中瓶・小瓶の瓶ビールは、内容量について２％までの誤差が認められている。

Q78 ウィドマーク式計算法等を用いて、誤差等が問題となって無罪とされた事案はありますか。

A78 那須 飲酒後、午後11時30分にひき逃げ事故を起こした運転者が翌日に自首した事案がありました。

　これに対し、名古屋地判平19.12.4（公刊物未登載）は、被告人は午後７時過ぎから飲酒していたと認定した上で、「ウィドマーク法による計算方法は、被告人が飲酒を開始した午後７時過ぎにビールを一時に摂取したものと仮定して計算するものであるところ、被告人は実際には午後７時過ぎころから午後10時過ぎころまで３時間以上にわたって飲酒しているのであるから、被告人の事故当時のアルコール濃度は、上記計算式よりも相当高くなると考えられる」などとして、飲酒後の事故までの経過時間 t を4.3時間（４時間18分）と認定しても問題ないとしました。

　しかしながら、その控訴審である名古屋高判平20.4.28（公刊物未登載）は、「被告人が飲酒を始めたのは本件当日の午後７時過ぎころとしか認定できず、正確な時刻を確定できないから、開始時刻は被告人に最も有利な同日午後７時00分として算出すべき」としました。そして、t =4.5（４時間30分に相当）として再計算した結果、呼気中アルコール濃度が0.15mg/l を下回ったことから、酒気帯び運転については無罪とし、これが確定しました。

　また、この高裁判決においては、飲酒量も、飲み残し等があるため、「相当程度の誤差があり得る」とされ、また、容量やアルコール濃度も缶に表示され

たものとの誤差があり得る旨が指摘されています（A77参照）。

Q79　ウィドマーク式計算法等に係る失敗事例及びその反省点としては、どのようなものがありますか。

A79 入尾野　私自身、ゼロ検知の飲酒絡みの事件、つまり、飲酒検知をせず、被疑者の供述と飲み裏（飲酒に係る裏付け）捜査の結果を基にウィドマーク式計算法等により算出した数値をもって公判請求してもらおうと検事に直談判した事件で、被疑者の飲酒状況等に関する供述を信用し過ぎ、裏付け捜査が不徹底だった事案があります。この事案では、検事調べで供述を変遷させた被疑者の飲酒量等に対し、打ち消し捜査をしたものの、既に証拠が消滅していて、結果、客観証拠なしとして公判請求してもらえませんでした。

それ以外にも、ウィドマーク式計算法等の活用に必要な基本データ、つまり、飲酒時間、飲酒量（どんな酒をどのくらい、どのように割って）や経過時間等に食い違いが生じ、信用性を欠くとして公判請求してもらえなかった事件も少なくありません。

ですから、被疑者の供述を過大評価せず飲み裏捜査を徹底し、客観証拠を確保するなどして立証しなければ、ウィドマーク式計算法による数値は単なる参考資料としかならないということを理解しておく必要があると思います。

城　失敗事例としては、ウィドマーク式計算法等を用いて公判請求した事件で1件だけ無罪になったものがあります。これは追突事故を起こして直ちに逃走し、その後、何時間も経ってから警察に出頭したという事案でした。飲酒検知管からは、何も出なかったと思います。そのため、被疑者の飲酒した量を被疑者の供述やその他の客観証拠により特定し、それでウィドマーク式計算法等に当てはめて、十分な余裕をもって呼気1リットル中0.15mgを超えると判断できたので、ひき逃げや業務上過失致傷（当時）等と併せて、酒気帯び運転も公判請求したのです。

ところが、法廷では被告人は、その飲酒量に関する供述を変更し、大幅に少

なく供述するなどし、裁判官も被告人の法廷供述を信用できるとして無罪とし
たのでした。

　この事案では、もう少し客観的な飲酒量の特定ができなかったものかと反省
しておりますが、このような事態が起きることも想定して、今後もウィドマー
ク式計算法等を使った捜査を続けていただきたいと思っております。

Q80 ウィドマーク式計算法等による計算ができないような場合に酒気
帯び運転の成立を認めた判例はありますか。

A80 呼気中アルコール濃度について、ウィドマーク式計算法等
那須 を用いて算出できない場合に、酒気帯び運転の成立を認めた
判例としては、東京高判昭53.12.13刑集34巻3号94頁があります。

　同判決は、身体におけるアルコール保有量につき、「必ずしも検知器その他
特別のいわゆる科学的検査によつて判定する必要はなく、飲酒量、飲酒状況、
飲酒後の経過時間、運転直後の言語、行動、身体的特徴等の外観的観察等から
経験則によつて認定することができる」とした上で、本件について、飲酒量、
飲酒後の経過時間が明確でないため計算式を用いることができないものの、午
前2時前に事故を起こした被告人が、前日午後5時半頃から当日零時半頃まで
にかけてビール大ジョッキ2杯とウィスキー若干量を飲んだこと及び事故直後
に「強い酒臭を発し、目を充血させ、通常より大きな声で取調べに当つた警察
官に対し『責任者を出せ。』などとこもごも申し向けて反抗的態度を示し、ア
ルコール検知を拒絶したこと」等の事実を総合すれば、酒気帯び運転につい
て、「十分これを推認することができる」としました。

　また、危険運転致死傷罪に関しては、東京地八王子支判平14.10.29判タ1118
号299頁（A89参照）が有名です。

第 5 章　その他

城祐一郎　最高検検事のモノローグ　　　　　　　　　　　　2

酒気帯び運転と酒酔い運転の判定

　飲酒運転に対する警察の捜査に関して、若干気になっていることを申し上げます。

　それは、酒気帯び運転と酒酔い運転の判定についてです。私が大阪地検の交通部長をしていた時（平成18年１月〜19年６月）に感じたのですが、率直に言って酒酔い運転がすごく少ないという印象なのです※。実際に、酒酔い運転事犯がないというのであれば、それはそれで結構なのですが、酒気帯び運転で送られてくる中に、呼気１リットル中に0.7とか0.8とかいう数値のものがあったりして、これで酒気帯び運転なのかと思ったことが時々あったからです。

　実際に検知カード記載の検査を実施して、その基準に照らして酒気帯び運転と判断したのだろうとは思いますが、それとて若干は主観的なものが含まれますので、例えばふらついたかどうかなどは検査をする警察官の判断によるところもあると思われますので、その判断が適正になされているか若干の心配がないではないということなのです。

　現場の警察官にしてみれば、どちらでなければいけないということはないのですが、それでも罪の軽い酒気帯び運転にしておいた方が運転者から文句も出ないことから処理がしやすいという傾向がないかと懸念しているところなのです。もちろん、そんなことはないというのであれば、私の杞憂にすぎなかったということですごく結構なのですが。

　実際のところ、福岡海の中道大橋飲酒運転事故（A84参照）では、飲酒検知をした警察官は、酒気帯び運転であると判断しているのですが、それが裁判では、「正常な運転が困難な状態」であったと認定されるわけですから、最初の飲酒検知の際の評価はどうみたらよいのだろうかということになると思います（A84のなお書参照）。もちろん、この事件では、事故

直後に飲酒検知をしているわけではないこと、また、罪証隠滅のために水を1リットルほど飲んでいること等の飲酒検知に影響を与える事象がいくつもありますから、仕方のない面はあったのですが、危険運転致死傷罪での立件が可能な事案であるにもかかわらず、事故直後の現場の警察官の認定が酒気帯び運転というのはなんか釈然としないなあという印象があります。本来であれば、酒酔い運転の評価になるような状況ではなかったかとも懸念されるところです。

※　令和元年中、全国で酒気帯び運転の検挙24,939件に対し、酒酔い運転の検挙は495件であった。

補足　入尾野　　飲酒運転については、呼気検査時に実施する鑑識カードの直立・歩行能力等の外観見分により、酒酔い、酒気帯びの認定をするのですが、その結果が全てだと思って判断しては駄目だということです。

　実際、交通検問等で検挙した被疑者を飲酒検知する場合であれば、警察官の現認なので鑑識カードの外観見分をもって認定すべきでしょうが、認知事件となる交通事故の場合、事故発生から飲酒検知まで時間が経過していますし、検知時には、被疑者は「極度の緊張によって脳が驚いて覚醒し、一定時間、一見して酔っていないような振る舞いができる」いわゆる「覚醒」の状態にあると推認されるので、あくまでも、事故前の被疑者の運転状態や事故後、警察官が現場に到着する前の被疑者の言動や態度等その状態を踏まえて判断すべきだということです。

城祐一郎　最高検検事のモノローグ　　　　　3

過失運転致死傷アルコール影響発覚免脱罪と飲酒運転周辺者三罪の積極的な適用

　発覚免脱罪は積極的に適用しなければいけません（186頁参照）。この罪は、アルコールを原因とする事故のひき逃げを絶対に許さないという姿勢を表すものとなりますので、ひき逃げ事故があった際には、常に、酒が原因ではないか、これを隠蔽するために逃げたのではないかという観点か

ら、飲酒の事実に対する積極的な捜査が必要です。したがって、被疑者が、酒ではなく、動転して逃げただけだとか、別の理由で逃げる必要があったなどと弁解していても、常に、発覚免脱罪の立件を免れようとしてはいないかとの疑いを捨ててはいけません。

　なお、発覚免脱罪に関し、飲酒運転をしながらバレずに逃げ切った場合等は、飲酒検知管を用いても全くアルコールが検知されないことがあるわけですが、そうした状況下で、事故当時、酒気帯び運転状態にあったことを立証するためには、ウィドマーク式計算法等を使わなければなりません。その意味では、法律の制定に当たっても、ウィドマーク式計算法等を用いることを前提にしているといえます。

　また、飲酒運転周辺者三罪についても、飲酒運転を抑止するという観点から積極的な適用が求められます。このような関係者は、本来の運転者より悪質性は少ないということで、強制捜査の対象ではないかのように思われている方もいるかもしれませんが、運転者と同様に強制捜査が必要になる場合も十分にあると思っていただきたいと考えています。

　いずれにせよ、少しでもこれらの罪の疑いがあったら、飲酒状況の解明のために、被疑者の自宅や勤務先、若しくは、行きつけの飲み屋等に対しても、捜索差押許可状を取得して、飲酒の事実に関する証拠の収集に努めていただきたいと思っております。確かに、いつも適切な証拠が都合よく入手できるかというと、必ずしもそうではない場合もあるのですが、それでも必要な手立ては怠ってはいけないということなのです。

Q81　飲酒運転周辺者三罪と飲酒運転の教唆罪・幇助罪の適用については、どのように考えるべきですか。

A81　那須　飲酒運転周辺者三罪と飲酒運転の教唆罪・幇助罪は、罰則が異なっているため、捜査をする上では、そのいずれが成立するかについて十分精査する必要があります。

　例えば、酒類の提供を受けた者が酒酔い運転をした場合の酒類提供罪は、正

犯と同じ罰則が科される酒酔い運転教唆罪より軽く、正犯の刑から減軽がなされる同幇助罪より重くなる[1]ので、こうしたことを念頭に置いた捜査をする必要があります（刑法61〜63条、68条参照）。今申し上げた場合であれば、まず、酒酔い運転教唆罪の成立を検討する必要があります。

　また、運転者（正犯者）について危険運転致死傷罪（自動車運転死傷処罰法2条1号）、運転前に酒類を提供した飲食店店長について酒類提供罪の成立が認められた事案で、運転者の職場の先輩である2人の同乗者について、同乗罪ではなく、より重い危険運転致死傷幇助罪を認めた最高裁決定があります（最決平25.4.15刑集67巻4号437頁）[2]。

　同決定は、刑法62条1項の従犯とは、他人の犯罪に加功する意思をもって、有形、無形の方法によりこれを幇助し、他人の犯罪を容易ならしむるものであるとの判例（最判昭24.10.1刑集3巻10号1629頁）を引用した上で、本件正犯者が車両を運転するについては、先輩であり、同乗している被告人両名の意向を確認し、了解を得られたことが重要な契機となっている一方、被告人両名は、正犯者がアルコールの影響により正常な運転が困難な状態であることを認識しながら、本件車両発進に了解を与え、その運転を制止することなくそのまま本件車両に同乗してこれを黙認し続けたと認められるのであるから、上記の被告人両名の了解とこれに続く黙認という行為が、正犯者の運転の意思をより強固なものにすることにより、危険運転致死傷罪を容易にしたことは明らかである、としました。

　このようによく実態を見て、最も適切な罪を適用する必要があると思います。

---

[1]　運転者が酒酔い運転をした場合、運転者に酒類の提供をした者は3年以下の懲役又は50万円以下の罰金の刑に処される（運転者が酒に酔っていることを知って同乗した者も同じ。）。一方、酒酔い運転の教唆罪は5年以下の懲役又は100万円以下の罰金に、同幇助罪は2年6月以下の懲役又は50万円以下の罰金の刑に処される。

　なお、運転者が酒気帯び運転をした場合、運転者に酒類の提供をした者は2年以下の懲役又は30万円以下の罰金の刑に処される（同乗罪も同じ。）。一方、酒気帯び運転の教唆罪は3年以下の懲役又は50万円以下の罰金に、酒気帯び運転の幇助罪は1年6月以下の懲役又は25万円以下の罰金の刑に処される。

[2]　自動車運転死傷処罰法2条1号の危険運転致死罪の幇助罪は6月以上の有期刑に処されるが、本件では、懲役8年の求刑に対して懲役2年の刑とした下級審の判決が維持された。

城祐一郎　最高検検事のモノローグ 4

実刑による再犯防止

　酒に対する依存というのは、広い意味でいえば薬物依存と同じだろうと思いますから、簡単なことでは治らないと思います。そして、酒を飲んでしまったが最後、車を運転して人を傷つける危険性は極めて高くなると思いますが、そのような危険性が高い常習者ほど、弁護人としては、責任能力がなかったと主張しやすくなるので、ますます被害者にとってはやり切れない状態になると思います。

　では、そのような酒酔い運転の常習者に対する再犯防止をどのようにすべきかという点ですが、私は早期対処による常習化の防止が一番大切だと思います。今、刑務所における高齢受刑者の増加が問題となっていますが、そのほとんどは常習万引きです。では、なぜそのような常習万引者が生じるのかというと、そもそも万引きは軽微な犯罪だという発想の下、当初は、立件されることもなく、その後、立件されても不起訴が繰り返され、起訴されるとしても罰金となり、その後、公判請求されても執行猶予となるという、非常に長い経緯をたどってやっと実刑が科され、刑務所に収容されるのですが、これだけ長い間、刑事司法が安易な処理をすれば、常習性は固まっていくばかりなのです。ですから、早い段階でショック療法とはいいませんが、厳しい処分をして本当にこのようなことをしてはいけないんだと分からせないといけないにもかかわらず、これまで刑事司法はそのようなことをしてこなかったことから、現在の刑務所の受刑者中、高齢の万引き常習者が無視できない程度の割合を占めるという状況を作り出してしまったのです。

　ですから、酒に関する運転も早期に厳罰をもって臨み、再犯を早期に防ぐというのが、最も被疑者のためになる再犯防止策なのです。

入尾野良和　警察庁指定広域技能指導官のモノローグ　2

飲酒運転の被疑者の更生等

　私自身が担当した飲酒運転の被疑者に対しては、二度と同じ行為をしないように完落ちさせ、心の底から反省するように諭していました。実際にその被疑者が更生したのかどうかは分かりません。私としては、罪を憎んで人を憎まずの精神でやっていましたので、気持ちは伝わっているものと信じたいのですが（笑）。

　飲酒による死亡事故や重傷事故等の被疑者の場合、取調べでも話を真剣に聴いてくれ、自分の行為を悔やみ、反省する人が多いので、再犯はないと思いますが、軽傷事故や単なる違反だけの場合には、反省の前に「運が悪かった。」などという被疑者も少なくないので、そんな被疑者の場合、時間が経過すれば自分の犯した行為も忘れ再犯を繰り返すのだと思います。

補足　村井　近年、刑務所等の刑事施設では「アルコール依存回復プログラム」が展開されており、保護観察所では「飲酒運転防止プログラム」が行われています。

　警察では長期にわたる矯正的なプログラムは難しいですけれども、停止処分者講習の飲酒運転者を対象とする飲酒学級で、飲酒ゴーグル、飲酒シミュレーター等を活用した酒酔い等の疑似体験や、飲酒運転事故の被害者遺族等による講義を行っていますし、飲酒運転者向けの取消処分者講習では、飲酒日記を30日間つけさせて具体的な指導を行うといったことも行っています。

補足　那須　近年、警察と医療機関の連携として目についたものとして、例えば大阪府警では、飲酒運転の違反歴を有するドライバーを検挙した場合にはスクリーニングテストを行い、そこでアルコール依存症が疑われた場合は、専門医療機関の受診を勧奨し、さらに本人の同意が得られれば専門医療機関への情報提供を行うといった取組を進めています。アルコール依存症の場合は病気ですから、治療しないと治らないわけです。実際、報道によると、飲酒運転で人身事故を起こして現行犯逮捕され、10日後に釈放

されて、その帰宅中にコンビニに寄って焼酎カップを飲み干した例があるとのことです。

　ただ、そのためにも、取締りを強化して、こういうアルコール依存症のドライバーをしっかり発見しなければならないということはあると思います。

　また、こういう何があっても酒を飲んでしまう人もいますが、その一方で、飲酒運転に対する罰則強化によって飲酒運転事故が大幅に減ったという事実もあるわけですから、やはり、一つの手段ではなく、飲酒運転者対策についても多角的な手法が求められるということだと思います。

那須修　元警大交通教養部長のモノローグ　　　　　7

飲酒運転に係る行政処分の重要性

　悪質危険運転者を一定期間道路交通の場から排除するというのは、交通の安全と円滑を確保する上で非常に重要なことと思われます。

　そして、行政処分にも様々なものがありますが、例えば、酒酔い運転、酒気帯び運転等をして死傷事故を起こした場合、事故の場所を管轄する警察署長が、事故を起こした日から30日間、運転者の免許の効力を停止する、免許の効力の「仮停止」等（道交法103条の2、107条の5第10項）があります。

　また、交通事故を起こし、その状況から判断して運転者がアルコール中毒等に該当する疑いがある場合には、臨時適性検査に先立ち、公安委員会が3か月以内で期間を定めて運転者の免許の効力を停止する、免許の効力の「暫定停止」（道交法104条の2の3）もあります。

　こうした処分を迅速に行うことによって、飲酒運転事故を未然に防止することは非常に重要なことです。もし、こうした処分が可能であるにもかかわらず必要な措置を講じずにいるうちに、被疑者が堂々と免許を持って飲酒運転をして、その結果、人身事故を起こしたなどということになれば、警察も非難の対象になると思われます。ですから、捜査員としても、こうした処分を常に念頭に置いておくことが必要です。

　また、飲酒運転事故を起こした者に対する免許の停止又は効力の取消処分ですが、これは、事故に対する刑事処分について起訴がなされなかった

場合でも、道路交通上の危険性を有する運転者につき、道路交通の場から排除することにより、将来における道路交通上の危険の発生を防止するという行政上の目的を達成するために必要であれば、行うことができます。また、下級審ですが、故意性のない過失による酒気帯び運転違反者に対する免許取消処分を適法とした判例もありますし、交通の安全と円滑を守る観点から、行政処分についても、積極的な取組が求められると思います。

補足 那須　　故意性のない過失による酒気帯び運転違反者に対する免許取消処分を適法としたものとしては、東京地判平26.11.25（公刊物未登載）及び大阪地判平24.1.12判地自368号102頁があります。

　このうち、東京地判平26.11.25は、「運転免許の取消し及び効力の停止の処分は、道路交通上危険のある運転者を一定期間道路交通の場から排除して、道路における危険を防止し、交通の安全と円滑を図ること（道交法1条参照）を目的として行われるものであるから、道交法施行令の採用するいわゆる点数制度は、このような免許の取消し等の処分が相当であると認められる程度に道路交通上の危険性が高いと評価できる運転者を類型的に規定し、その危険性の度合いに応じて自動車等を運転することができる地位を剥奪又は制限することにより、道路における危険を防止し、交通の安全と円滑を図るために定められたものであると解される。道交法65条1項は、上記のような目的に照らしても、また、何人も酒気を帯びて車両等を運転してはならないというその文言に照らしても、過失による酒気帯び運転も禁止する趣旨と解される」としました。

Q82　蛇行している車両を認めたので停止させて、運転者について飲酒検知をしたものの、アルコールが全く検出されなかったような場合には、どうすればいいのですか。

A82 那須　　蛇行している車両を認めたので停止させて、運転者について飲酒検知をしたものの、アルコールが全く検出されなかったような場合に、仕方がないとして、安全運転に注意して運転するように説諭

して現場を離れたところ、その車両が、直後に交通死亡事故を引き起こしたという事案があります。

　この事案では、結論的には、運転者は薬物を摂取していました。その後、死亡事故の遺族から国賠訴訟を提起され、結果的に警察の責任が否定されたのですが、そうは言っても貴重な人命が失われたことに変わりはありません。

　こうした場合の措置として、当然、必要な場合には迅速に薬物検査を行う必要がありますが、薬物には様々なものがあり、早期に検知することが困難なものもあります。

　しかしながら、歩かせてみて、まともに歩行できないようであれば、「正常な運転ができないおそれがある状態」で車を運転していたわけですから、道交法66条違反の疑いがあります。さらに言えば、道交法67条4項に基づき、「正常な運転ができる状態になるまで車両等の運転をしてはならない旨を指示する等道路における交通の危険を防止するため必要な応急の措置をとることができる」わけですから、エンジンキーを一時保管したり、代わりの運転者を連れてこさせることができるのです。

　警察官としては、警察に認められた権限を正しく認識し、恐れずに行使することが切に求められますが、そのためにも関係する規定は常に頭に入れておく必要があるといえます。

第3編

危険運転致死傷罪

危険運転致死傷罪の適用件数は、もっと増やせるはず。悪質・危険な運転は一切許さない姿勢を！

本編において、２条１号〜８号は、断りのない限り、２年自動車運転死傷処罰法改正法による改正後の自動車運転死傷処罰法２条１号〜８号を、３条１項・２項は、同法３条１項・２項のことをいう。

また、アルコール類型のように「類型」を付したものは、いずれも、危険運転致死傷罪の類型をいう。２条１号類型のように、「類型」の前に条項を付したものは、自動車運転死傷処罰法の該当条項を適用した危険運転致死傷罪の類型をいう（２条１号類型とは、自動車運転死傷処罰法２条１号を適用した危険運転致死傷罪の類型をいう。）。

第 1 章　　2年自動車運転死傷処罰法改正法による改正

Q83　2年自動車運転死傷処罰法改正法の内容は、どのようなものですか。

A83　那須　2年自動車運転死傷処罰法改正法は、危険運転致死傷罪の対象となる行為を追加するもので、令和2年7月2日に施行されました。

　具体的には、自動車運転致傷処罰法2条の5号、6号として、次の①、②の類型を加え、それまでの同条5号、6号を、同条7号、8号とするものです。

　罰則については、これまで同条で定められていた行為と同様で、次の①又は②の行為を行い、よって、人を負傷させた者は15年以下の懲役、人を死亡させた者は1年以上の有期懲役に処されます。

①　車の通行を妨害する目的で、走行中の車（重大な交通の危険が生じることとなる速度で走行中のものに限る。）の前方で停止し、その他これに著しく接近することとなる方法で自動車を運転する行為

②　高速自動車国道等において、自動車の通行を妨害する目的で、走行中の自動車の前方で停止し、その他これに著しく接近することとなる方法で自動車を運転することにより、走行中の自動車に停止又は徐行をさせる行為

アルコール類型（2条1号・3条1項）

Q84　「正常な運転が困難な状態」（2条1号、3条1項事故時）と「正常な運転に支障が生ずるおそれがある状態」（3条1項運転時）の違いは何ですか。

A84
那須　　　　「正常な運転が困難な状態」については、福岡海の中道大橋飲酒運転事故に係る最高裁決定（最決平23.10.31刑集65巻7号1138頁）が、2条1号類型の事案に関し、「アルコールの影響により道路交通の状況等に応じた運転操作を行うことが困難な心身の状態」をいい、「アルコールの影響により前方を注視してそこにある危険を的確に把握して対処することができない状態も、これに当たる」としました。そして、この状態にあるか否かは、「事故の態様のほか、事故前の飲酒量及び酩酊状況、事故前の運転状況、事故後の言動、飲酒検知結果等を総合的に考慮」して判断されるとしました。これは、具体的には、足元がふらつく、目をしょぼつかせてあくびをする、運転が不安定（人や物との衝突、信号の見落とし、急発進、急カーブ、蛇行等）、ろれつが回らない又は話が非常にくどい、飲酒検知の際に強い酒臭がする、呼気アルコール濃度が高いなどの事情の有無等から判断されるものと考えられます。

　さらに、上記最高裁決定の補足意見は、「精神的、身体的能力がアルコールによって影響を受け、道路の状況、交通の状況に応じ、障害を発見する注意能力、これを危険と認識し、回避方法を判断する能力、その判断に従って回避操作をする運転操作能力等が低下し、危険に的確に対処できない状態にあること」としました。

　一方、3条1項運転時の「正常な運転に支障が生じるおそれがある状態」とは、①自動車を運転するのに必要な注意力、判断能力、操作能力等が相当程度減退して危険性のある状態、②①の状態になり得る具体的なおそれがある状態の2つの場合をいいます。

　通常、道交法の酒気帯び運転に当たる程度のアルコールを身体に保有していれば、「正常な運転に支障が生じるおそれがある状態」に該当します。また、

それ以下のアルコール量であっても、アルコールの影響を受けやすい者や、疲労している者等であれば、該当する場合があります。

　なお、酒酔い運転はアルコールの影響により「正常な運転ができないおそれがある状態」で成立しますが、アルコールの影響を受けている順に並べると、「正常な運転が困難な状態」、「正常な運転ができないおそれがある状態」、「正常な運転に支障が生じるおそれがある状態」となります。

＜参　照＞

○　自動車運転死傷処罰法

第2条　次に掲げる行為を行い、よって、人を負傷させた者は15年以下の懲役に処し、人を死亡させた者は1年以上の有期懲役に処する。

①　アルコール又は薬物の影響により正常な運転が困難な状態で自動車を走行させる行為

第3条第1項　アルコール又は薬物の影響により、その走行中に正常な運転に支障が生じるおそれがある状態で、自動車を運転し、よって、そのアルコール又は薬物の影響により正常な運転が困難な状態に陥り、人を負傷させた者は12年以下の懲役に処し、人を死亡させた者は15年以下の懲役に処する。

Q85　2条1号類型と3条1項類型の成立に関し、求められる故意に違いはありますか。

A85 那須　2条1号類型では、自己が「正常な運転が困難な状態」であることの認識が必要です。

　ただし、大量に酒を飲みながら「まだ自分は大丈夫」などと勝手に考えていたとしても、故意が否定されるわけではありません。こうした場合には、困難性を裏付ける事実、例えば意識がもうろうとしていたこと、目がかすんだこと、眠気を感じたこと、歩行が困難であったこと、他人から運転をやめるように注意されたこと等の事実の認識があれば足りると考えられます。

　一方、3条1項類型では、「正常な運転に支障が生じるおそれがある状態」の故意は、道交法の酒気帯び運転の場合と異なり、身体にアルコールを保有す

る状態であることの認識では足りません。ただし、通常一般人を基準とした認識として、自動車を運転するのに必要な注意力、判断能力、操作能力等が相当程度減退する（又は減退する具体的なおそれがある）程度のアルコールを身体に保有していることの認識があれば足りると解されます。

　そして、実務上は、呼気アルコール濃度が0.15mg/l以上であって、かつ、それに相応する程度の飲酒をした事実の認識があれば足り、それ以上に、運転者が、判断能力が鈍っていることを認識していたなどということまでを立証する必要はないと考えられています。

　なお、3条1項類型については、「正常な運転が困難な状態」であることの認識が不要であることから、その認識がない場合、例えば、運転開始当初は酒の酔いが回っていなかったものの、その後酔いが回って自分でも気付かないうちに仮睡状態（正常な運転が困難な状態）に陥って人を死傷させた場合にも成立します。また、被疑者が正常な運転が困難な状態であることの認識を否認し、当該認識を立証できない場合でも成立します。

Q86 　2条1号類型の成立を認めた判例のうち、運転者の呼気中アルコール濃度に関して参考になるものとしては、どのようなものがありますか。

A86 那須 　現在の2条1号類型の成立が認められた事案のうち、仙台の高校生のウォークラリーにRV車が突っ込んで18人が死傷した事件（仙台地判平18.1.23裁判所HP）では事故約45分後の運転者の呼気中アルコール濃度は0.3mg/lでしたし、福岡海の中道大橋飲酒運転事故（A84参照）では事故約48分後の運転者の同濃度は0.25mg/lでした※。

　その数値だけを切り取って考えれば、いずれも特別に高いとまでは言い切れないような数値でしたが、前者では、過去に同運転者が酔いつぶれる直前まで飲んだ後、居眠り運転をして事故を起こした時の同濃度が0.25～0.3mg/lであったこと、後者では、事故前の飲酒状況や事故前後の状況等についての捜査が、それぞれ、現在の2条1号類型の成立を認めた判決に結びつきました。

　運転者の呼気中アルコール濃度は2条1号類型の成否を判断する上でも非常

に重要な意味を持つのですが、酒気帯び運転の場合のように絶対的な基準があるわけではないので、今申し上げた例のように、それだけで決めつけずに、様々な要素を丁寧に捜査していくことが求められます。

※　同種事案に関し、城祐一郎著「第2版　ケーススタディ危険運転致死傷罪」（東京法令出版、2018年）18頁以下参照。

Q87　事故前に一見正常に見える運転がなされていたとしても、2条1号類型の成立が認められることがあるのですか。

 A87 那須　福岡海の中道大橋飲酒運転事故（A84参照）では、運転者が事故前に「スナックから本件道路までの約8分間、距離にして約6km、中には幅員約2.7mの狭い道路を、接触事故を起こすことなく」走行してきた点について、補足意見において、毎日通勤するなどして熟知しているような道路を、「狭いが故に緊張感を持って運転して事故を起こさなかったことは、理解できないわけではなく、『正常な運転が困難な状態』かどうかの判断に当たり、過大に評価することは相当でない」としました。

　また、地裁レベルですが、事故前に、駐車場の自動精算機で料金を精算し、信号機の設置された国道を横切り、一部道幅が狭く、路肩に障害物のある道路等約3.4kmを事故を起こさずに運転してきた点について、「事故現場までの間も正常な運転は難しい状態にあったものの、通常の帰宅経路で慣れた運転経路であったことや人通りが少ない時間帯であったことなどが幸いし、偶然にも接触などせずに事故現場まで辿り着いたにすぎないと考えられる」と判示した判例もあります（福岡地判平23.1.19公刊物未登載）。

　このように、一見正常に見える運転がなされていたとしても危険運転致死傷罪の成立が認められることがあるということも、捜査員としては十分に認識しておく必要があると思います。

Q88 公判において、被告人に「正常な運転が困難な状態」であることの認識があることの根拠とされた被告人の捜査段階の供述としては、どのようなものがありますか。

A88 那須 公判において、被告人に「正常な運転が困難な状態」であることの認識があることの根拠とされた被告人の捜査段階の供述としては、例えば、次のようなものがあります。

○ 「料理店で頭がくらくらして大分酔っていることを自覚した。スナックを出て100円パーキングに戻っているが、戻る際ふらふらしながら歩いており、車両の運転を開始する時点でも、頭がくらくらするのを感じた。同駐車場を出発する際、かなり酔っていることが分かっていたので、自動車内で寝てから帰ろうかとも思ったが、それまでも飲酒した後自動車を運転して帰宅したことがあり、事故を起こしたこともなかったので眠らないように注意すれば大丈夫と考えて自動車を運転して帰宅することにした」（長崎地判平16.10.21裁判所HP）

○ 「飲酒の影響により強い眠気を覚え自動車を止めて仮眠をとろうかとも考えたが自宅が近いのでそのまま走行を続け……」（同）

○ 「段々と酔いが回ってきてボーッとしてきており、回転灯だけではなく、周囲の風景が回転灯の光でぼんやりと映る状態だったので、酒が効いてきたかなと感じた」（千葉地判平18.2.14判タ1214号315頁）

○ 「前夜に飲んだ酒が身体に残っていて、そのために自分の身体が疲れてだるいこと、気持ちをしっかりしないと事故を起こすかもしれないことなどを感じたが、仕事に行かなくてはいけないから、しっかりしないといけないなどと自分に言い聞かせていた」、「自車のどこかが擦るか、ぶつかるような衝撃を感じたものの、ぶつかった対象やぶつかった箇所等については明確な記憶がなく、そのときはそのまま走行し続けた」（新潟地判平15.1.31裁判所HP）

○ 「カラオケ店を出る際は、いつもより酔いが回っていたようで、身体がだるく、まばたきが多くなり、店の階段を降りるのも億劫で、階段の下に転げ落ちそうな感じだったので手摺りにつかまって降りた。酒に酔って気が大きくなっていた上、店を出るときに眠気を感じたので、早く帰って眠りたいと

思い、時速60ないし70kmで走行し、カーブを曲がるときには急ハンドルを切ることが何度かあった」（さいたま地判平17.1.26裁判所HP）

Q89 呼気中アルコール濃度を算出することなく、事故前後の状況から、2条1号類型の成立を認めた判例はありますか。

A89 東京地八王子支判平14.10.29判タ1118号299頁は、事故を
那須　起こした後、同乗者の制止も聞かず自動車を運転し、コンビニエンスストアでワンカップの日本酒を購入し、警察官が到着する前にこれを飲み干すという、罪証隠滅のための重ね飲みをした者に対し、重ね飲み以前に、夕刻来長時間にわたって多量のアルコールを摂取し、午後11時過ぎに飲食店を出たときには、「ふらついて、倒れかかる状態であったため、同僚から自動車の運転を制止されたが、これを拒絶し」、「容易にエンジンキーを鍵穴に差し込めない状態であり」、「駐車場の料金投入口に料金を投入できず、同僚に代わって投入してもら」い、その直後、「人身事故を起こしたのに、その場から逃走した末、再び（本件）人身事故を起こして、被害者に重傷を負わせたことを十分に認識できたのに、なおも逃走を続けた」事案について、2条1号類型の成立を認めました。

入尾野良和　警察庁指定広域技能指導官のモノローグ　　　③

アルコール類型の初動捜査

　私としては、危険運転致傷罪の場合、アルコール類型に限らず、全ての類型において、立件できるかできないかは、全て初動捜査にかかっていると思っています。

　中でも、アルコール類型の場合は、状態犯なので、飲酒検知の結果はもちろん、事故発生前の被疑者の運転状態や事故直後の被疑者の状態等を客観的に立証し、その証拠を初動段階で押さえることができるかできないかにかかっています。

　そのためには、現場に臨場する警察官と指揮する立場の交通課長の「感

覚」と「意識」が一番大事だと思うのです。その理由は、仮に、頭で分かっていても、実際に動くか動かないか、つまり、証拠を押さえるか押さえないかで勝負が決まるからです。初動の段階で、現場痕跡等はもちろん、被害者、通報者、目撃者（後続車や対向車等であればドライブレコーダーの確認）等から事故発生前の被疑車両の状態や事故直後の被疑者の言動や態度を含めた状態を証拠として押さえられれば危険運転致傷罪は立件可能となりますが、確保できなければ以後の捜査に大きな影響を及ぼします。特に、目撃者は、警察官が現場に到着すれば、もういいだろうと安心し、現場から立ち去るケースが多いので、立ち去る前に、人定確認やドライブレコーダーの証拠化はもちろん、以後の協力体制を確保しておくことも重要なのです。

　それらを確保できれば、事後捜査において、経路上の防犯ビデオや飲酒先の裏付け捜査等により客観証拠を収集し、被疑者立会いの実況見分や供述等を踏まえ、一連の状況を総合的に判断して事実認定することができますが、初動の段階で押さえるべき証拠を見逃してしまうなど、捜査員に何としても危険運転致死傷罪で立件するという気持ちがなければ、必然的に危険運転致傷罪は過失運転致傷罪に埋もれてしまって立件不能となり、後の祭りになってしまうのです。

　それが危険運転致傷罪なのだということを肝に銘じ、軽傷事故であろうが捜査を尽くすという姿勢で現場に臨んでほしいと思っています。

城祐一郎　最高検検事のモノローグ　⑤

2条1号類型としての立件の意義

　アルコール類型の危険運転致死傷罪の適用に当たって、留意しておいていただきたいことが一つあります。それは、2条1号類型として立件できる事案について、安易に3条1項を適用しないでいただきたいということです。3条1項類型の立証の方が2条1号類型の立証より簡単になりますから、手堅く立件するなどという発想で3条1項類型で立件するということも今まであったと思いますが、本来であれば2条1号類型で立件すべき

事案であれば、そのとおり２条１号類型で立件していただきたいということです。

　そもそも両者は法定刑にかなり差があり、致死の場合には、前者であれば裁判員裁判になるにもかかわらず、後者であれば裁判官裁判にしかならないという大きな違いがあり、被害者の御遺族にとっても重要な違いになります。

　そして、さらに重要なこととしては、本来、２条１号類型で立件すべき事案が３条１項類型の事案として蓄積されてしまうと、今後、どうしても２条１号類型で立件しなければならない事案が生じた際、過去の事例として、似た事案でありながらそれよりひどい事案が３条１項類型で立件されていたなどということが起きないとも限らないからです。そうなると、この場合、２条１号類型での立件がしにくくなりますし、法廷では弁護人から、過去の似た事案で、もっとひどいものが３条１項類型とされているので、今回も同様に３条１項類型とされたいという主張がなされることになるのです。

　そのようなことは、３条１項類型で捜査した当時の警察官には全く分からない将来の事態なのですが、このようなことが起きるのだと今の自分の事件での捜査に当たって考慮しておいてほしいということなのです。

　補足　入尾野　千葉県警では、飲酒運転による人身事故のほか、物件事故でも人身に転化するおそれのある全ての交通事故に関しては、全件、危険運転を視野に入れて捜査するように指導しています。

　その際、初動捜査は３条１項類型ありきで捜査するのではなく、あくまでも２条１号類型の立件を視野に入れた捜査を徹底し、結果、「正常な運転が困難な状態」を立証できなかったら３条１項類型で立件するということを基本としています。

　どのような感覚で２条１号と３条１項の適用を判断するかについては、初動段階であれば、飲酒検知の結果、事故態様、被疑者の状態等を基本としながらも、最終的には、酒酔い運転の状態だったのか、酒気帯び運転の状態だったのかで判断することになると思います。

　例えば、被疑者が酔っていて事故状況を説明できないとか、事故態様が、対向はみ出し、信号無視、路外逸脱等で、事故原因に対して理由付けができないような交通事故の場合には、迷わず2条1号類型として捜査を進めます。

入尾野良和　警察庁指定広域技能指導官のモノローグ　4

2条1号を適用できない酒気帯び運転への3条1項の適用

　3条1項類型であれば、「道交法の酒気帯び運転に当たる程度のアルコールを身体に保有していれば、通常は正常な運転に支障が生じるおそれがある状態に該当する」とされ、認識の部分に関しても、「実務上は、呼気アルコール濃度が0.15mg /l以上であって、かつ、それに相応する程度の飲酒をした事実の認識があれば足り、それ以上に、運転者が、判断能力が鈍っていることを認識していたなどということまでを立証する必要はない」と考えられている（A84、A85参照）わけですから、私は、2条1号を適用できない酒気帯び運転は全て、3条1項類型の危険運転致死傷罪として立件できるのではないかと確信しています。

　なぜなら、単なる酒気帯び運転の道交法事件でも、被疑者の取調べでは、「飲酒運転は故意犯であるから必ず犯意を録取しろ。」つまり「違反の認識」を必ず取れと指導されていますが、その調べに対して、被疑者は、「飲酒運転は悪いことだと知っていた。警察に捕まれば罰金や刑務所に入ったりすることもある。それなのに運転したのは、警察に捕まらなければ大丈夫。交通事故さえ起こさなきゃ大丈夫と安易な考えで運転した。」と供述するはずです。そこで、「事故を起こさないように注意して運転していたのにどうして事故を起こしたんだ。」と追及すれば、必然的に「飲酒運転していたからですかねぇ。」とアルコールの影響によるところの認識を認めるしかなくなるからです。

　その後は、運行経路の引き当たり捜査において、飲んでいない普段の運転と、当時の飲酒運転の状態との相違を追及して確認し、「そういえばここの信号待ちでぼーっとしていて青色に気づかず後続車にクラクションを鳴らされた。」とか、「カーブで膨らんでしまった。」、「急発進、急停止になってしまった。」などという状況と場所を特定することができれば、そ

> こが支障が生じた場所と認定できるので、必然的に、3条1項類型に該当するという流れになるのです。

補足　入尾野　平成26年5月に自動車運転死傷処罰法が施行され、3条1項類型が定められるまでは、なかなか危険運転致死傷罪の適用を認めてくれない検事とやり合いながら、何度も悔しい思いを経験しました。悪質運転者に対する厳罰化や法改正の背景には、間違いなく被害者やその遺族の無念等が後押しとなっているわけですから、危険運転致傷罪の適用が可能な事故には必ず同罪を適用するという姿勢を堅持して現場に臨み、捜査を尽くすことが、我々交通警察にとっての適正捜査の基本であり、被害者支援においても、警察の示すべき本来の姿だと私は思っています。

補足　那須　統計上、令和2年中の原付以上運転者（第一当事者）の全交通事故のうち、酒酔い状態が207件、政令基準値以上の酒気帯び状態が1,795件であったのに対し、「アルコールの影響」による危険運転致死傷罪の適用件数は、2条1号類型が167件、3条1項類型が195件にすぎません（186頁参照）。

　もちろんケースバイケースなのですが、もっと同罪の適用が増えてもいいのではないかとは思います。

補足　城　実際のところ、危険運転致死傷罪の適用に不慣れなのではないかと思われる検察官がいるのも事実だろうと思います。そのため、同罪で処理することに不安を感じて消極的になりすぎているように感じられることもないではありません。

　したがって、私からみれば、検察官ももっと危険運転致死傷罪について知識や経験を深めるべきであろうと思います。被害者を支援するという観点からすれば、本来、同罪で起訴すべきものは同罪で起訴することこそが一番の被害者支援だと思います。

Q90　飲酒運転中の前方不注視による事故でも危険運転致死傷罪に該当する場合があるのですか。その場合の捜査上の留意点は何ですか。

A90　那須　飲酒運転中の前方不注視による事故であっても危険運転致死傷罪に該当する場合があります。この場合の「正常な運転が困難な状態」に関し、最高裁は、福岡海の中道大橋飲酒運転事故（A84参照）において、自車を時速約100㎞で走行させていたにもかかわらず8秒程度にわたって被害車両の存在を認識していなかった被告人について、約8秒の間、終始前方を見ていなかった（約8秒もの長い間、特段の理由もなく前方を見ないまま高速度走行して危険な運転を継続した）か、前方を見ることがあっても被害車両を認識することができない状態にあったかのいずれかであるが、いずれにせよ、「正常な状態にある運転者では到底考え難い異常な状態で自車を走行させていたというほかない」もので、「アルコールの影響により前方を注視してそこにある危険を的確に把握して対処することができない状態」であったと認められるのであり、さらに、被告人にはその認識もあったとして、危険運転致死傷罪の成立を認めました※。

　また、札幌地判平27.7.9（公刊物未登載）は、「道路を時速50ないし60キロメートルという速度で車を走行させながら、15ないし20秒もの間、下を向き続けるなどという運転」を行うという「著しい注意力の減退や判断力の鈍麻は、常識的に見て、まさに酒の影響によるものとしか考えられない。2、3秒程度であれば、何かの拍子に手元やスマートフォンなどに気を取られることはあるかもしれないが、15秒から20秒にわたる」ものであれば、それはもはや「正常な運転が困難な状態」で自動車を走行させたものとみることができるとしました。

　こうした事案における捜査の留意点は、被疑者がどの地点から前を見ていなかったか、前を見る代わりにどこを見ていたか等を捜査し、さらに、前方を見なくなった地点から事故地点までの距離及びその際の車両の速度から、前方を見なくなってから事故を起こすまでの前方不注視の時間を算出するとともに、前方不注視の原因を探るなどについて捜査することです（例えば、酒に酔って苦しくなって下を見てしまったようなものであれば、前方不注視の時間が上記判例の場合より短くても、「正常な運転が困難な状態」で自動車を走行させた

ものとみる余地があると考えられます。）。

　さらに、当然のことながら、事故前の飲酒量及び酩酊状況、事故前の運転状況、事故後の言動、飲酒検知結果等を総合的に考慮した上で、危険運転致死傷罪の成否を判断する必要があります（A84、A88参照）。

※　同旨の判決として、10秒から15秒の間、前方不注視であった仙台地判平25.5.29（公刊物未登載）がある。

| 第 3 章 | 薬物類型（2条1号・3条1項） |

Q91 薬物類型の捜査のポイントは何ですか。

A91 入尾野　　事故当時、被疑者の体内にそのような薬物が入っていたことを客観的に立証すること、そして、この視点を、現場において決して忘れないことです。

アルコール類型の成否であれば、酒臭のほか、言動や態度等の外観から判別が可能ですし、夜間帯に発生した事故であれば、ゼロ検知（飲酒なしの裏付け）も実施するので漏れはないと思うのですが、薬物類型に関しては、異常行動が見られず、外観からの判別が難しいケースもあります。

実際、千葉県警では、こうした事情に加えて、捜査に当たった警察官の経験不足もあって、飲酒検知は実施しても、薬物含有の有無を立証するための鑑定に必要な「尿」や「血液」の証拠化を失念してしまったことがあります。

そこで、千葉県警では、今、禁止薬物に限らず、睡眠導入剤や精神安定剤といった合法的な薬品をも見据えつつ、外観上異常な行動が見られなくても、証拠の収集に漏れがないようにするため、発見遅滞の追突事故や対向車線はみ出し事故といった態様の事案等で、

① 言語、態度、目つきなどがおかしくて話がかみ合わない

② 事故の状況を覚えていない。何で事故を起こしたのか分からない

③ 脇見を主張するものの、現場の道路状況や事故態様等から見て整合性がない

場合等では、必ず、一定の病気等のみならず、薬物類型による立件を視野に入れた捜査を行います（A92参照）。

これらの事故を単なる過失によるものと判断してしまえば、初動段階で押さえるべき証拠（被疑者の体内に薬物が入っているか否かの鑑定資料となる尿又は血液）を見逃すことになりますし、もし見逃してしまえば薬物類型が立件できなくなるおそれもあるので、現場における対応が極めて重要になります。

補足 那須 　　現場対応について補足しますと、危険ドラッグが大問題となった平成26年夏以降、都道府県警察においては、順次、地方検察庁と協議の上、危険ドラッグの使用が原因と疑われる交通事故に関し、一定の要件を満たす場合には、道交法66条のみで現行犯逮捕する運用を開始しました。

　ある県では、

①　（運転席に着席のままであること又は目撃者の証言等から）運転者であることが明白であること。

②　（意識混濁・奇行等）運転者が異常な状態であること。

③　酒臭がないこと。

④　車内又は身体に危険ドラッグ・吸引器具を所持していること。

⑤　人身事故以外の場合には、①～④に加えて、（蛇行運転の現認、目撃者の証言等から）走行時に正常な運転でなかったことが明白であること。

の全てを満たす場合としています。

　自らの県でこの要件が現在どうなっているかを確認の上、道交法66条で現行犯逮捕できる場合には現行犯逮捕して、その後、危険運転致死傷罪の適用が可能であることが明らかになれば、これを適用するといったことも必要だと思います。

＜参　照＞

○　自動車運転死傷処罰法

第2条　次に掲げる行為を行い、よって、人を負傷させた者は15年以下の懲役に処し、人を死亡させた者は1年以上の有期懲役に処する。

　①　アルコール又は薬物の影響により正常な運転が困難な状態で自動車を走行させる行為

第3条第1項　アルコール又は薬物の影響により、その走行中に正常な運転に支障が生じるおそれがある状態で、自動車を運転し、よって、そのアルコール又は薬物の影響により正常な運転が困難な状態に陥り、人を負傷させた者は12年以下の懲役に処し、人を死亡させた者は15年以下の懲役に処する。

Q92 薬物類型の立証のため、現場で行うべき捜査としては、どのようなものがありますか。

A92 現場で行うべき捜査としては、事故発生前の運転状況や事故後の言動態度等の状態を確実に押さえることはもちろんですが、それ以外にも、

① 唾液を採取し、その後、アルコールの影響でないことを裏付けるゼロ検知を実施すること。

② 被疑者の所持品検査のほか、車内の確認（服用した薬物、飲んだ後の殻、処方箋等）を確実に実施し、薬物又は服用した薬品を裏付ける証拠を押さえること（この際には立証三原則（A34参照）に基づき、立会人を置いて任意性を担保すること。ただし、禁止薬物や被疑者が拒否した場合には、迷わず令状による捜索差押えを実施すること。）。

③ 現場における捜査が一段落した後は、被疑者の同意を得て任意採尿を実施すること。

があります。

これらは、初動捜査において、絶対に忘れてはいけない最低限の捜査項目です。

 補足 那須 被疑者が上記③の任意採尿に応じない場合には、強制採尿の手続を進めます。

また、危険ドラッグ等について、尿からその成分を検出できなかった事案がある一方、吸引後間がないときに血液中からその成分そのものが検出された事案もあるので、危険ドラッグ等の使用が疑われるような場合には、唾液採取や採尿と併せて、早急に採血を実施する必要があります。

Q93 2条1号類型と3条1項類型の違いと捜査上の留意点は何ですか。

A93 那須 薬物の影響により正常な運転が困難な状態で自動車を走行させ、よって、人を死傷させた場合が2条1号類型、薬物の影響により、その走行中に正常な運転に支障が生じるおそれがある状態で、自動車を運転し、よって、その影響により正常な運転が困難な状態に陥り、人を死傷させた場合が3条1項類型です。

両者の違いに関する捜査上のポイントとしては、故意の問題があります。

2条1号類型であれば、「薬物を服用したことの認識」と「正常な運転が困難である状態であることの認識」※が必要です。

これに対し、3条1項類型であれば、正常な運転が困難な状態であること、例えば意識がもうろうとしていること等の認識は不要で、走行中に正常な運転に支障が生じるおそれがある状態であることの認識で足ります。そのため、急に効き目が現れた場合、例えば、「運転中に危険ドラッグを使用した。この危険ドラッグには意識障害をもたらす薬理作用があるとは聞いていたが、使用直後は特に意識に変調は来さなかった。しかし、突如意識がなくなり、気がついたら事故を起こしていた。」というような場合でも成立します。

ただ、3条1項類型でも決して立件のためのハードルが低いわけではなく、危険ドラッグの場合であれば、被疑者が「薬物の影響により正常な運転ができなくなるとは思わなかった。」などと抗弁することがあり、その場合には故意の有無が問題となります。

※ 正確には、「薬物を服用したことの認識」と「薬物の影響により正常な運転が困難な状態であることの認識」が必要であるが、薬物の摂取後、「正常な運転が困難な状態」であることの認識があれば、通常、当該状態であることは、「薬物の影響による」ものであるとの認識も認められる。

Q94 危険ドラッグ使用後に事故を起こした被疑者が薬物類型の故意を否認する場合に備えて、どのような捜査が求められますか。

A94   警察としては、危険ドラッグ使用後に事故を起こした事案については、薬物類型の成立に向け、

① 本件に係る危険ドラッグの購入日時、購入先、使用日時、使用理由、自覚症状等

② 危険ドラッグの使用歴及び使用を開始し、継続した理由

③ 日頃危険ドラッグを使用した際の具体的な自覚症状

④ 日頃危険ドラッグを使用した後における症状の持続時間

⑤ 過去における危険ドラッグ使用後の異常行動によるトラブル、警察での保護・取扱い歴、救急搬送歴

等について、本人だけではなく、家族、同居人、同乗者、友人等、購入先の担当者等から事情を聴き、さらに、必要な場合には医学・薬学等の専門家に薬理効果等について話を聴く必要があります。

　さらに、早期の段階で唾液を採取し、その後、飲酒検知、採尿、採血等の実施はもちろんのこと、被疑車両及び居宅等に対する捜索・差押え、検証等を実施し、危険ドラッグ、薬物吸引器具、危険ドラッグの購入等に関する資料等を押収して、危険ドラッグの使用事実及び常習性を裏付け、被疑者の抗弁を封じていく必要があります。

　こうした捜査を徹底して、例えば、被疑者が過去に何度も危険ドラッグを使用し、正常な運転をなし得るはずがない状態になった経験をしたことがあることを明らかにできれば、たとえ被疑者が故意を否認したとしても、2条1号類型の成立が認められることがあります（A96参照）。

　なお、事故直後、被疑者においては、薬物の影響によりぐったりして質問に対する応答が意味不明、涎を垂らす、奇声を発する、降車後に直立や正常歩行ができない等の場合もありますが、こうした異常行動等について映像等で記録しておくと、その後の捜査に大いに役立つことがあるので、こうした映像等による記録化について先着する警察官に指示したり、日頃から地域警察官にも教養しておくということは、非常に重要だと思います。

Q95　危険ドラッグ以外の薬物については、被疑者が薬物類型の故意を否認する場合に備えて、どのような捜査が求められますか。

A95 入尾野　危険ドラッグ以外の薬物の使用後に事故を起こした事案についても、A94の回答は当てはまりますが、鎮静剤、精神安定剤、睡眠導入剤等合法的な薬品の場合には、それに加え、被疑者の通院履歴等の環境捜査が重要となってきます。

　そして、通院履歴等が判明したら、担当医師や薬剤師を含め、早急に処方箋関係に対する裏付け捜査を行い、服用している薬品名を特定しなければなりません。

Q96　危険ドラッグを利用しながら故意を否認した被告人に関し、過去の危険ドラッグの使用歴等から2条1号類型の成立が認められた例としては、どのようなものがありますか。

A96　那須　「危険ドラッグ」という名称ができる前、「脱法ハーブ」などと呼ばれていた頃の事案ですが、現在においても参考になるものとして、次のようなものがあります。

①　京都地判平24.12.6（公刊物未登載）

　被告人が過去に脱法ハーブを使用して運転した際、何度も身体が硬直して「固まる」ようになった経験を有していること等から、被告人は脱法ハーブを「使用し、その影響下で自動車を運転した場合、運転操作等が困難となって自動車事故を引き起こす危険性を一層強く認識したものと推認することができる」として、2条1号類型の成立を認めた。

②　大阪地判平24.12.14（公刊物未登載）

　被告人が過去に20回以上脱法ハーブを吸引し、脱法ハーブに大麻と同様の効能があることを知人等から聞いていたこと、知人の証言によれば、被告人は脱法ハーブを吸引すると意識が飛んだような状態になることから、「被告人は、脱法ハーブの作用を十分に過去に経験していたと言える」とした上で、「被告人は、実質的に、危険運転致傷罪の違法性を意識できるだけの事実を認識しな

がら自動車を運転していたと言える」として、2条1号類型の成立を認めた。

③　名古屋地判平25.6.10判時2198号142頁

　被告人自身、脱法ハーブの危険性を認識していた旨供述していること、脱法ハーブの後遺症について検索するなどその後遺症を気に掛けていたこと、脱法ハーブの危険性については広く報道されており、被告人自身、妻から脱法ハーブをやめるように言われたり、脱法ハーブを使用している友人が「脳みそがクラクラする」、「こんなものが合法で大丈夫かね」と発言する場に居合わせたりしていたこと等に加え、本件脱法ハーブを使用すると、飲酒の場合と同様、使用者自身も判断能力等の低下や時間・空間的な感覚の変調を容易に認識できるはずであるとの鑑定結果もあったこと等を踏まえ、2条1号類型の成立を認めた。

Q97　事故前に一見正常に見える運転がなされていたとしても、2条1号類型の成立が認められることがあるのですか。

A97 　薬物摂取後の状況は、禁断症状も含め決して一律ではなく、突然妄想等に襲われて異常な運転をすることもあります。ですから、事故を起こすまでの間、長い距離を無事故で運転していたとしても、それゆえに危険運転致死傷罪が成立しないとは断定できないと考えられます。そして、こうした薬理効果等については、専門家の話によって裏付けをしていくことが考えられます。

　なお、危険ドラッグに係る判例ですが、名古屋地判平25.6.10判時2198号142頁（A96の③参照）は、「被告人が、本件事故現場まで数時間も無事故で被告人車両を運転していたことなどから、被告人の運転は危険運転には当たらない」との弁護人の主張に対し、「被告人が、本件事故直前、クラクションを二度鳴らし、急ブレーキを掛け、緩やかにハンドルを左に切るなど、状況に応じた回避行動をとっていることにも照らすと、時間的・空間的な感覚に変調が生じていても、交通状況等によっては、数時間にわたり事故を起こすことなく運転することは可能であったと考えられる」として弁護人の主張を退け、2条1号類型の成立を認めました（事故発生時には、被告人は、被害者を発見した地

点や対向車線の状況に関して、通常考えられないほど著しく誤認しており、「時間的・空間的な感覚が著しく変調を来していた」と認められました。)。

Q98 薬品の鑑定嘱託をするに当たって気を付けるべきことはありますか。

A98 被疑者が服用している薬品名を明らかにしてから科捜研に鑑定嘱託しなければなりません。その際は事前に薬品の標準品があるかどうかを確認し、もし無ければ、同じ薬を何個か用意し、対照資料として科捜研に渡して「異同識別」鑑定を嘱託します。

　また、採尿した尿は、科捜研に渡すまでの間、警察署の冷蔵庫で保管しますが、時間が経過すればするほど、尿から薬品の成分が抜けてしまうことを忘れてはいけません。

城祐一郎　最高検検事のモノローグ　　　　　　　　　6

2条1号の適用か3条1項の適用か（危険ドラッグに係る事案）

　危険ドラッグに係る危険運転致死傷事件について、2条1号類型で起訴している例が多々あることはもちろん知っていますが、その一方で、なぜ3条1項類型による起訴なのかと思う事例もあります。

　私としては、そうした事例は、危険ドラッグによる事故に係る先例的な事例が3条1項類型として処理されたことから、それらの処理を参考にして起訴の仕方を考えた結果、2条1号ではなく、3条1項が適用されたものではないかと思っています。

　別に当時の事件の処理の適否をいうつもりはありませんので、そこは理解してほしいのですが、平成26年7月下旬に危険ドラッグという名称が生まれるまさにその直前に、社会の注目度をぐっと引き上げた象徴的な事件として、池袋危険ドラッグ暴走事件と赤羽危険ドラッグ暴走事件があります。

　それらの運転者は、いずれも、危険ドラッグを吸入したことは認めたも

のの、危険運転に関する故意を否認した結果、3条1項類型で起訴されました。ただ、ここで考えるべきは、危険ドラッグには、わずかな兆候を感じたら、その後、急速に身体に反応が現れて、その段階ではもはやコントロールが不能になるという特性を持つものもあるということです。つまり、そうした危険ドラッグを使用して運転したら最後、いつ何時、運転不能になるか分からない状態で運転していることになるのです。したがって、そうした危険ドラッグを吸入して運転をするという行為自体は、既に、正常な運転が困難な状態に陥っていると評価すべきなのです。

　もし、そのような薬理作用があることを運転者が全く知らず、例えば、生まれて初めて危険ドラッグを吸入した、それも運転しながら、という稀有な例が実際にあったのなら、その運転者は、危険ドラッグの薬理作用を知らなかったので、自分が正常な運転が困難な状態に陥っていたことを認識していなかったとも認定できます。しかしながら、通常は、それまでに同様又は類似した薬理作用を持つ危険ドラッグを使用していた経験がある方が普通でしょう。そうであるなら、そのような薬理作用がいつ発現するか分からない状態で運転していることを認識していることになり、そのような認識があれば、それは正常な運転が困難な状態であることを認識、認容して運転したことになると思います。だったら、それは3条1項類型ではなく、2条1号類型であるはずです。実際のところ、脱法ドラッグと呼ばれ、3条1項類型がなかった時代（編注；平成26年5月20日より前）は、そのような観点から、妻、愛人、周辺者等から薬物使用状況を聞き出し、それらの間接事実から、被疑者には薬理作用に対する認識があったとし、運転開始後、正常に運転をしていた段階でも、既に、いつ身体が硬直するなどの作用が現れるか分からないといった危険な状態であったとして、正常な運転が困難な状態であることを認定していたのです。

　先の池袋危険ドラッグ暴走事件も赤羽危険ドラッグ暴走事件も、いずれの被疑者も同様の危険ドラッグを使用していました。池袋事件の方は、「総帥」とか「総統」などという名称の危険ドラッグを繰り返し使っていたのですから、その薬理作用を知らないはずはないといえます。そうであれば、運転中にその吸入をした段階で、それ以降は、正常な運転が困難な状態であり、過去の経験から、そのような状態であることを認識していた

と認定することができ、結局のところ、2条1号に規定する状態で運転して、その後は、因果の流れで被害者を死傷させたと評価して起訴することは可能だったと思います。赤羽暴走事件は、被疑者はいろいろと否認していたようですが、原理的には池袋暴走事件と同じ構造です。

　にもかかわらず、慎重な処理をしたのだと思いますが、新たに設けられた3条1項類型としてそれらが処理されたことで、後に続く事件で、同様に3条1項が適用されたものもあったのではないかと思います。実際のところ、その後、同様の薬物類型を処理するに当たり、池袋暴走事件等の事件以上の証拠関係や悪質性がないと2条1号では起訴できないとさえ考える検察官が出てきても不思議はないだろうと思っています。

　ただ、これはあくまで私の仮説にすぎませんから、そのおそれを懸念しているだけです。仮に、正常な運転が困難な状態であることの認識が証拠上全くない事件ばかりであったなら、3条1項類型がなかった頃の時代と処理が異なってもおかしくはないのですから。

| 第 4 章 | **制御困難高速度類型（自動車運転死傷処罰法2条2号）** |

Q99　制御困難高速度類型について、「進行を制御することが困難な高速度」とはどのようなものですか。

A99 那須　「進行を制御することが困難な高速度」とは、速度が速すぎるために道路の状況に応じて進行することが困難な状態で自車を走行させることをいい、当該速度での走行を続ければ、ハンドルやブレーキの操作のわずかなミスによって自車を進路から逸脱させて事故を発生させることになると認められる速度をいいます。カーブを曲がることができないような高速度で自車を走行させることが典型例ですが、考慮すべき事情としては、道路の形状（湾曲状況、幅員等）、路面の状況（水たまり、凍結状況等）、自動車の構造・性能、貨物の積載状況等の客観的事情が挙げられます。

　一方、速度違反をしていたところ、たまたま路地裏から出てきた歩行者を轢いたからといって制御困難高速度類型が即成立するようなことはありません。制御困難な高速度に当たるかどうかは、道路状況に応じて進行することができるかどうかによって客観的に判断されるのであって、個別的な人や車の動き等への対応の可能性を考慮して決まるものではありません。また、運転者の技能については、技量未熟類型に係る問題であると考えられます。

＜参　照＞

○　自動車運転死傷処罰法

第2条　次に掲げる行為を行い、よって、人を負傷させた者は15年以下の懲役に処し、人を死亡させた者は1年以上の有期懲役に処する。

②　その進行を制御することが困難な高速度で自動車を走行させる行為

Q100　制御困難高速度類型の捜査のポイントは何ですか。

A100　那須　　制御困難高速度類型にあっては、「進行を制御することが困難な高速度であった」ことを客観的に立証することが捜査の肝ですので、その立証に役立つ証拠を収集することが重要です。

　そのため、防犯カメラ、ドライブレコーダー、交差点カメラ等の映像を探さなければなりませんし、目撃者探しも重要です。さらに、路面に印象されたタイヤ痕、事故車両等の損傷状況、遺留物等については、将来速度鑑定を行うことを念頭に、確実に写真に収めるなどして記録化を図り、かつ、押収した証拠については大事に保管しなければなりません。

　また、道路の湾曲状況や路面の湿潤状況等も本罪の成否に関し大きな意味を持つので、実況見分において正確に記録化しなければなりません。

　入尾野　　今、那須先生から話があったとおりですが、そのためには、発生段階から本部員（交通鑑識班等）と連携した捜査が重要で、発生後速やかに本部速報と交通鑑識班等の応援要請をすることを失念しないようにしなければなりません。

　車両の速度の算出方法には、防犯カメラやドライブレコーダーの画像に基づくもの、被疑車両の破損状況と路面痕跡等に基づいたバリア換算によるもの、はね飛ばし距離等によるもののほか、EDR検証等によるものがあるのですが、いずれも交通鑑識班や科捜研の支援と協力がなければ立証できないものです。ですから、交通鑑識班等の応援を要請し、現場の路面痕跡等の確実な採証はもちろん、ステレオカメラ又は3Dレーザースキャナーを活用した現場道路の正確な図化に加え、関係車両等の証拠化を図る必要があるのです。

　正確な現場道路の作図は、湾曲道路における限界旋回速度超過事故や交差点右左折時の暴走（オーバーラン）事故でも、交差点形状と被疑車両の進路から曲率半径を求めて限界旋回速度を算出するために最も重要な資料になります。また、路面痕跡等の正確な位置関係や根拠ある衝突地点の認定は、バリア換算やはね飛ばし距離に基づいた速度鑑定に大きな影響を及ぼしますので、現場の路面痕跡等が残っている早い段階で、交通鑑識班に応援を要請し、ステレオカ

メラ等により現場を撮影して確実に採証することが、初動時の最大のポイントだと思います。

　それから、制御困難高速度型の典型的な事案である湾曲道路での路外逸脱事故だけでなく、それ以外の事案についても目を向ける必要があります（A102参照）。つまり、発生現場の道路線形にとらわれることなく、交差点右左折時の暴走（オーバーラン）事故、大型トラックやトレーラーの横転事故等、高速度が事故原因と認められるような事故の場合に、安易にハンドル・ブレーキ操作不適の過失を認定することなく、本類型の立件を視野に入れた捜査を徹底する必要があるのです。

Q101　制御困難高速度類型の故意とはどのようなものでしょうか。また、故意に関する取調べにおいては、何を聴取すればいいのでしょうか。

A101
那須
　被疑者の故意に関しては、「客観的に速度が速すぎるため道路の状況に応じて車両を進行させることが困難であると判断されるような高速度で走行していることの認識」で足りるとした判例があります（函館地判平14.9.17判時1818号176頁）。実際のところ、道路の湾曲や路面の状況、ハンドルのぶれや車体の揺れ等に照らし、「このままの高速度で進行すると、ブレーキ操作の少しのミスやカーブの発見のちょっとした遅れといったわずかなミスによって、自車を進路から逸脱させて事故を発生させる可能性がある」ことを認識していれば足りると考えられます。

　そのため、被疑者に対する取調べにおいては、

①　過去の運転状況として、本件以前における当該道路での運転状況、当該道路以外での速度違反の状況及びその際の被疑車両におけるハンドルのぶれや車体の揺れ等

②　本件事故直前の認識として、ハンドルのぶれや車体の揺れ等、運転状況及び道路状況の認識（速度計が当該道路状況に照らし進路を維持するのが困難と認められる速度を表示していたか否か、他車より著しく速い速度であったか否か等）

等を聴取し、その上で、事故状況（高速度であったため、わずかな運転操作の誤りによって道路状況に沿った運転操作ができなくなり、対向車線に進出した又は交差点外や路外に逸脱したか否か等）を聴取することになると考えられます。

Q102 　　制御困難高速度類型は、実際にどのような形態のものが多く発生しているのですか。

A102 城　　　　これまで制御困難高速度類型の成立が認められた事案では、そのほとんどがカーブを曲がり切れないという事案で、限界旋回速度を超えているか、またはそれに近い速度になっているかどうかが客観的に問題になるだけのケースだと思います。

　しかしながら、時折、隆起した直線道路を高速度で突っ走ることにより車体が浮遊する感覚を楽しんでいて、制御不能になり路外に飛び出して同乗者等が死亡するということ（いわゆる「チンさむロード事故」）も起きますし、道路がカーブしていなければならないということはありません。路面の状態に照らして、雨であるとか、雪であるとかなどの自然状況は車両の運転制御能力に大きく影響しますから、そのような状況であるにもかかわらず敢えて高速度で走行すれば、わずかなミスでも制御不能になりますので、たとえ直線道路であっても制御困難高速度類型が成立します。

　他方、本類型でいくつかある無罪事件の中には、道路の交通規制に従って運転することができないということも制御不能の一つに含まれるとして起訴されたものがありますが、やはり、そこまでの要素を本類型に持ち込むのは少々難しいだろうと思います。立法過程等を見ても、交通規制に従っての運転という要素が制御不能の要素となるというような議論は全くなかったので、それはやむを得ないかなと考えます。ただ、だからといって、そのような場合でも、危険運転致死傷罪の成立を諦めるのではなく、妨害目的類型の成立を検討すべきだと思います（A110参照）。

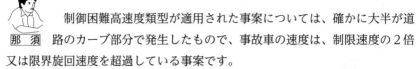

　　　　　　　制御困難高速度類型が適用された事案については、確かに大半が道

那　須　　路のカーブ部分で発生したもので、事故車の速度は、制限速度の2倍
又は限界旋回速度を超過している事案です。

　ただし、制限速度の2倍に満たない速度でも危険運転致死傷罪の成立が認め
られた例もあり、その例（限界旋回速度との関係は不明）としては、湾曲する
道路を制限速度を30㎞以上上回る時速70㎞を超す速度で進行して対向車線に飛
び出した事案（横浜地判平14.10.31（公刊物未登載））等があります。また、
さいたま地判平14.11.26（公刊物未登載）は、対面信号機が赤色であるのを認
めながら殊更に無視して時速40〜50㎞で交差点を左折進行し、左方道路から交
差点に進行してきた自動車と衝突した事案で、赤色信号の殊更無視及び制御困
難な高速度による危険運転致傷罪の成立を認めました。

　また、道路の直線部分での事故に関して本類型の適用事例は多くはないので
すが、それでも、制限速度40㎞のところを時速約124㎞で自車を走行させたた
め、自車を右前方に逸走させ、街路樹に衝突後、自車を横転させ、同乗者4人
を死傷させた事案（横浜地判平28.4.28（公刊物未登載））、制限速度50㎞のと
ころを時速約118㎞で自車を走行させ、対向車の灯火を認めて左にハンドルを
切ったところ左法面（のりめん）に乗り上げ、その後自車を右前方に暴走させて対向車と衝
突した事案（さいたま地判平22.4.8（重要判旨集407頁））等において、制御
困難高速度類型の成立が認められています。

　一方、ドリフト走行については、京都地判平26.10.14（公刊物未登載）及び
その控訴審の大阪高判平27.7.2判タ1419号216頁は、限界旋回速度が42.1㎞
であったところ、実際の走行速度が時速20〜30㎞であった事案について、制御
困難高速度類型の成立を認めませんでしたが、その後、地裁レベルですが、有
罪とする事案も見られています。

Q103　制御困難高速度類型の適用が問題となったドリフト走行に係る事案とは、具体的にどのようなもので、どのような理由による判決だったのでしょうか。

A103 城　　A102の最後で那須さんから言及のあった大阪高判平27.7.2判タ1419号216頁に係るドリフト走行事件は、最終的には無罪で終わってしまいました。

　これについては、「高速度」というものをどのように捉えるかの感覚の違いだろうと思っています。

　ドリフト走行は自ら制御不能のリスクを背負いにいくようなものですから、高速度でなくても制御不能になります。だから、この事件でも被害者が出てしまったのです。

　他方、条文上の「高速度」を当該車両の性能、能力、また、路面の状況や運転者の運転状況等も総合して、ドリフト走行のような運転態様であれば、客観的には、高速道路を走行するようないわゆる「高速度」でなくとも、当該車両、道路状況及び運転態様に係る状況下で、容易に自動車の進行が制御不能になるような速度であれば、相対的に「高速度」であると認めてもよいという考えもあり得ます。しかしながら、このような解釈は、立法当時予想されていたものではないでしょうから、立法趣旨や「高速度」という日本語の定義から外れるものとして、解釈の範囲を超えるという批判は出るだろうと思います。

　もっとも、その後、ドリフト走行について制御困難高速度類型として起訴され、有罪となった事例が存在します。

　静岡地沼津支判平29.7.19（公刊物未登載）に係る事案で、被告人は、普通乗用自動車を運転し、上り勾配で左にカーブした片側一車線道路において、いわゆるドリフト走行をするためにカーブ手前の直線道路でアクセルを踏みつつ瞬間的にクラッチを切るなどして後輪の回転数を上げて時速約60㎞に急加速させ、左右にハンドルを切って後輪を滑らせつつ車体を左右に滑らせ、さらにカーブ手前で右にハンドルを切って時速約44㎞以上の速度で自車を右前方に滑らせて走行させたことにより、自車を道路のカーブに応じて進行させることができず、右前方に暴走させてブロック塀に衝突させた上、路外で佇立していた被害者に自車を衝突させて傷害を負わせたものです。

　この事案は、京都の事案とは異なって、カーブを曲がり切れないという道路の状況に応じた運転ができないとの特徴がありました。このカーブの限界旋回速度は時速42kmであったため、ドリフト走行時の速度が時速約44kmという速度であっても、「進行を制御することが困難な高速度」と認定されたものです。私としては、極めて妥当な判決だと思います。

Q104　制御困難高速度類型について、困難な捜査を克服した例としては、どのようなものがありますか。

A104 入尾野　私の経験で申し上げますと、平成24年5月に歩行中の大学生が被害に遭って亡くなった、起伏ある道路でのジャンプ事故である「チンさむロード事故」（A102参照）があります。起伏がある道路で発生したとはいえ、それまで直線道路の事故に制御困難高速度類型を適用した経験がなかったので、いろいろな判例や参考文献を読みあさったところ、元兵庫県警交通捜査課長の森岡伸行さんの書かれた本※1に類似事案の立件事例があったので、兵庫県まで出張し、同県警交通捜査課の皆さんにいろいろ教えていただきました。現場に赴く際には、既に現役を引退されていた森岡さんが私たちを案内して、激励してくださいました。そして、同事案の立証要領を参考に、当時の千葉県警科捜研物理科の石井科長の指導・支援の下、カースタントマンによる実走実験等を実施して、制御困難な高速度であった事実を立証しました。

　また、山間の縦断曲線道路での路外逸脱の単独事故（同乗者死亡）においては、防犯カメラ等の画像もなく、バリア換算による速度鑑定も不能、また、完全に車両が路面から浮き上がるまでジャンプしたわけでもない事故状況の中、石井科長等の指導・支援により、コーナーリングフォース（タイヤにかかる荷重）を失った事実等を立証し、有罪判決を得ました。このときは、測量会社に現場道路の測量を委託して正規な図面を制作してもらったほか、改造車だった被疑車両を再現すべく予算要求して、同型車両、タイヤ、サスペンション等を入手した上、同様に改造して被疑車両を再現し、スタントマンによる実走実験等によりコーナーリングフォースがなくなる速度であった事実を立証しまし

た。

　そのほか、結果的に公判で過失運転致死罪に訴因変更されましたが、直線道路での死亡事故に対しても、千葉地検交通部長の指揮を受けながら捜査を進め、制御困難高速度類型での起訴に結び付けたことがありました（千葉地判平成28年1月21日判時2317号138頁）※2。

　振り返ってみますと、これらは、絶対にやってやるという捜査員の気持ちに加え、検察庁の指導、他県警の協力、必要な予算の確保、科捜研物理科の皆さんの助言と支援、交通鑑識班による緻密な鑑識活動といったもの等がなければ起訴に至らなかった事案ばかりだったように思います。

※1　森岡伸行「戦略的交通捜査、実例で見る事件解決の手法」（立花書房、2011年）
※2　城祐一郎「危険運転致死傷罪の認定を検討すべき事例」（「捜査研究」797号2頁、2017年）。なお、同稿においては、同事案は、危険運転致死傷罪の妨害目的類型（自動車運転死傷処罰法第2条第4号）に該当するのではないかとの見解が示されている。

第 5 章　**技能未熟類型（2条3号）**

Q105　技能未熟類型に係る判例としては、どのようなものがあります
か。

A105　技能未熟類型に係る判例は少ないのですが、有罪とされた
那須　事案としては、高松地観音寺支判平16.9.13（公刊物未登
載）があります。これは、脳梗塞等の影響で四肢の自由が利かなくなった者
が、道路状況に応じて自動車を運転することができず、赤色信号で交差点に進
入して、歩行者に傷害を負わせたという事案でした。

　一方、技能未熟類型の成立が否定された事案としては、さいたま地判平22.
4.8（A102参照）があります。これは、制御困難高速度類型の成立が認めら
れた事案ですが、技能未熟類型の成否に関しては、被告人が「事故直前までの
一定の区間運転をした」ことや、事故を起こすまでの「運転経路に民家や曲が
り角、対向車が存在していた可能性を否定できないにもかかわらず、それまで
に物損や人身の事故を一切起こしていない」こと等から、「ハンドル、ブレー
キ等の運転装置を操作する初歩的な技能すら有しないとは到底認められ」ない
などとされ、その成立が否定されたものです。

＜参　照＞
〇　自動車運転死傷処罰法
第2条　次に掲げる行為を行い、よって、人を負傷させた者は15年以下の懲役
　　に処し、人を死亡させた者は1年以上の有期懲役に処する。
　③　その進行を制御する技能を有しないで自動車を走行させる行為

Q106 自動車運転死傷処罰法成立後、技能未熟類型で起訴された事案はありますか。

 A106 城　平成27年8月に、自動車運転経験が全くない16歳の少年が普通乗用自動車を運転して自転車と衝突し、自転車の運転者を死亡させた事案があります。

これは、自動車運転死傷処罰法成立後、技能未熟類型で起訴された初めての事案でした。

この事案では、加害者の少年が二度逆送され、二度起訴されたものの、いずれも家裁に再移送され（大阪地判平29.1.24裁判所HP）、平成29年3月に最終的に保護処分（少年院送致）とされました。

 Q107 技能未熟類型の捜査のポイントは何ですか。

A107 那須　大前提として運転者の特定があります。また、技能が未熟なことを立証しなければならないので、被疑者が運転している場面が映った防犯カメラ等の映像があればベストです。さらに、目撃者の確保等にも努める必要があります。加えて、被疑者本人の供述のほか、映像や目撃証言、実況見分等によって、被疑者が運転した車には欠陥や故障がなかったこと、他の車は現場を問題なく走行しており、道路等に問題はなかったこと等も明らかにします。

また、なぜ運転しようと思ったのか、運転したのは誰の車だったのか、借りたのか、無断借用か、盗んだのか、運転の知識はどうやって得たのか、運転の経験はあったのか、運転の練習はしたのか、誰が練習に協力してくれたのか等を明らかにしないといけません。さらに、事故までの運転状況や心理状況について詳細に聴取する必要があります。例えば、「××地点のカーブでハンドルを右に切ったら切りすぎてしまって対向車に衝突しそうになったので、慌ててハンドルを左に思い切って切ったら今度は……」などという状況を詳細かつ具体的に聴取すれば、運転技能の未熟さが露わになると考えられます。

　運転の状況については、同乗者がいれば、同乗者からも詳しく聴く必要があ
りますが、同乗者には、そのほか、同乗時の認識や、なぜ同乗したか等につい
ても聴かなければなりません。また、運転した車の所有者には、その車を被疑
者が運転した経緯について聴かなければなりません。そして、これらの者につ
いては、無免許運転同乗罪、無免許運転車両提供罪、無免許運転の教唆・幇助
罪等の成否等について検討することになります。

　なお、車両に欠陥や故障がなかったことを証明するためにも、その車両の所
有者の事故前の運転状況等についても明らかにする必要があります。場合に
よっては、事故車の製造メーカーや整備業者等の協力を得て事故車の整備状況
等を確認してもらい、欠陥や故障の可能性を排除することも考えられます。

　補足　入尾野　私としては、本類型はまだ取り扱ったことはありません
が、もし捜査することとなった場合には、今、那須先生から
説明があった捜査のポイントに加え、運転未熟の部分を立証するために、運転
免許センターの自動車教習コースを利用した運転技能の見極めを行えばいいの
ではないかと考えています。

　具体的には、被疑車両と同種同型の車両を用意し、運転技能指導員に被疑者
に緊張を与えないように注意してもらった上で助手席に乗ってもらい、車に
は、車内の様子が撮影できるドライブレコーダーを搭載し、被疑者にコースを
走らせ、指導員には、その見極め結果を人証として供述調書で立証することを
考えています。

　補足　那須　今、入尾野さんからお話のあった運転実験に関しては、さ
いたま地判平22.4.8（A102参照）が参考となります。こ
の判決では、本件発生後に行われた被告人の「運転免許センター試験場での運
転実験は、事前に運転経路はおろか、運転をさせられることさえ知らされない
ままに、助手席に試験官、後部座席に少年鑑別所職員及び警察官が乗車し、窓
及びドアには逃走防止用の措置が講じられていた上、被告人の運転状況を記録
化すべく多数の警察関係者が大挙しているという極度の緊張状態の中で行われ
たものであって、その際の操作ミスを過大評価することはできないし、本件事
故現場付近道路は直線道路であって、クランクや方向転換での車体感覚の有無

とは直接関連せず」などとされています。

　運転実験は必要だと思いますが、そのやり方には細心の注意を払うべきと思われます。

城祐一郎　最高検検事のモノローグ　　　　　　　　　　　　　　7

運転未熟者よりも危険な者に対する法的対応

　技能未熟類型についていえば、今後もあまり出てこないのではないかと思います。立法者は、このような事件も起きるだろうと思って制定したのでしょうが、10年以上、公判請求されるような事件はほとんどありませんでしたし、実際のところ、そこまで運転技術が未熟であれば人身事故に至る前に物損事故等で運転不能になっているのではないかとも思われるからです。

　むしろ、それよりも危ないのは、無免許で運転を繰り返していたため、およそ運転未熟とはいえないものの、交通安全教育等を全く受けていないための無謀な運転をした結果、多くの被害者を出した亀岡の事件※のような場合でしょう。これについては、自動車運転死傷処罰法6条の無免許運転による刑の加重規定を適用することによって対応することとなると思いますが、運転未熟者より危険な者に対して危険運転致死傷罪が成立しないというのも、遺族はもとより一般人も納得できないでしょうね。

※　平成24年4月に京都府亀岡市で、登校中の小学生と引率の保護者の列に軽自動車が突っ込み、3人が死亡、7人が重軽傷を負った事案。軽自動車を運転していた少年は無免許であった。

　　　　　　　　　私自身、過去には、自動車運転死傷処罰法2条3号の適用
補足　入尾野　を考えた事案もありましたが、その事案はあまりにも運転が未熟すぎたため、乗り出し後間もなく事故を起こしたものであり、また、相手方にけががなかったので、結局、無免許運転の物損事故で送致しました。

第6章　妨害目的類型（自動車運転死傷処罰法2条4号）

Q108　妨害目的類型について、「人又は車の通行を妨害する目的」とはどのようなものですか。

A108 那須　「通行を妨害する目的」とは、相手方に自車との衝突を避けるために急な回避措置をとらせるなど、相手方の自由かつ安全な通行を妨げることを積極的に意図することをいいます。

これは未必的な認識、認容があるだけでは足りません。

ですから、何らかの事情でやむなく割り込む場合に相手方の通行を妨害すると認識していた場合や、交差点で右折する際に場合によっては対向直進車に急ブレーキを踏ませることになるかもしれないと考えていただけでは、妨害目的類型は成立しません。

＜参　照＞

○　自動車運転死傷処罰法

第2条　次に掲げる行為を行い、よって、人を負傷させた者は15年以下の懲役に処し、人を死亡させた者は1年以上の有期懲役に処する。

　④　人又は車の通行を妨害する目的で、走行中の自動車の直前に進入し、その他通行中の人又は車に著しく接近し、かつ、重大な交通の危険を生じさせる速度で自動車を運転する行為

Q109　妨害目的類型について、「人又は車の通行を妨害する目的」が特に問題となるのはどのような場合で、その場合にはどのように判断されるのですか。

A109 那須　「人又は車の通行を妨害する目的」は、警察車両による追跡を免れようとして対向車線に飛び出して対向車と衝突したような場合において、特に問題となります。

　こうした事案に関し、東京高判平25．2．22判タ1395号368頁は、それまでの判決※1と比べて一歩踏み込み、運転の主たる目的が通行の妨害になくても、「自分の運転行為によって通行の妨害を来すのが確実であることを認識して運転行為に及んだ場合」には、「人又は車の通行を妨害する目的」が肯定されると判示しました。

　さらに、大阪高判平28．12．13裁判所HPは、被害車両への接近行為について、「危険回避のためやむを得ないような状況等もないのに、人又は車の自由かつ安全な通行を妨げる可能性があることを認識しながら、あえて危険接近行為を行う」場合も、妨害目的類型に当たるとしました。これは、通行を妨害する可能性の認識で足りるとするもので、東京高裁の判決から、目的の構成要件を緩和したものとして注目されます。

補足　那須　上記東京高判平25．2．22は、「自分の運転行為によって対向車両に自車との衝突を避けるため急な回避措置を取らせることになり、対向車両の通行を妨害するのが確実であることを認識して、当該運転行為に及んだ場合には、自己の運転行為の危険性に関する認識は、通行の妨害を主たる目的にした場合と異なるところがない」のであるから、「自分の運転行為によって通行の妨害を来すのが確実であることを認識していた場合も、2条4号にいう『人又は車の通行を妨害する目的』が肯定される」としたものです。

　ただ、通行の妨害を来すことが確実であると認識していれば、100%「人又は車の通行を妨害する目的」が肯定されるわけではありません。極端な例ですが、自車線を10トントラックが猛スピードで自車方向に逆走してきてこのままでは正面衝突してしまうというような場合には、対向車両の通行の妨害を来すことが確実であると認識しながら対向車線に飛び出したとしても、緊急避難に該当し、「人又は車の通行を妨害する目的」は認められないと考えられます。

　上記東京高判平25．2．22の第一審（横浜地判平24．8．9）が、対向車線に半分はみ出して走行していた被告人について、対向車両が急な回避措置をとらざるを得なくなる事態を避けるため、自車線内に完全に戻ったり、あるいは急ブレーキをかけて停止するなど、自分の側において回避行為をとることができたにもかかわらず、パトカーから逃れるために対向車線へのはみ出し行為を継続

したものである以上、それは対向車両の進行を妨害する目的で運転したものということになる旨判示し、その際、「回避措置をとることができたにもかかわらず」という留保を付したのは、相手方の通行の妨害を来すことが確実であると認識しながらも、何らかの事情でやむなく相手方の通行を妨害した場合には通行妨害目的は成立しないことを明示したものだと思われます。上記東京高判平25.2.22はそのような留保は付していませんが、それは言うまでもないことであって、その趣旨まで否定したものではないと考えられます[2]。

※1　松山地判平20.11.28裁判所HP及び広島高判平20.5.27高検速報（平20）224頁参照。
　　　このうち、後者は、「バイパスを逆行することを積極的に意図していた以上、被告人は、これやむをえずと表裏一体の関係にある対向車両の自由かつ安全な通行を妨げることをも積極的に意図していたと認めるのが相当である」としていた（なお、現在は、「通行禁止道路類型（2条8号）」が定められており、自動車運転死傷処罰法施行令2条の「通行禁止道路」に該当する道路における逆走等は同類型に該当すると考えられる。）。
※2　吉川崇「刑事判例研究（453）」（警察学論集67巻4号、2014年）

Q110 　交通規制に従わない走行について、危険運転致死傷罪を適用することはできるのですか。

A110 　　広島地判平25.11.17（公刊物未登載）に係る事案ですが、これは、確かパトカーに追いかけられていたのだと思いますが、交差点に直進して高速度で突っ込んだというものです。その道路は左折のみ可の道路で、交差点内も左右のセンターラインは実線になっており、物理的には直進はできるものの、交通規制上は直進は不可とされていました。しかし、被告人は、およそ左折ができるような速度ではない高速度で同交差点に進入し、そのまま直進したことから、左方道路から直進してきた車両と衝突して、その車両を逸走させた結果、付近を歩行していた被害者に衝突して傷害を負わせたというものでした。

　これに対し、検察官は、制御困難高速度類型として起訴したものの、裁判所は、これを認めませんでした。ただ、このような場合、直進を続ければ、左方からの車両は被告人車両のような無謀な直進車があるとは全く思っていない一方で、被告人としては左方からの車両は当然に予見できるのであり、左方から

の車両の通行を妨害することになることは明確に認識していたといえるはずです。そうであるならば、その状況は、対向車線上を走行する場合と全く同じであり、東京高判平25.2.22（A109参照）の考え方によれば、妨害目的を認めることができるわけです。

　このように妨害目的類型は相当に応用が効きます。ですから、そんな運転をしたら事故が起きるに決まっているだろうと言いたくなるような事案では、この妨害目的が認められ、妨害目的類型が成立する場合がかなりあるだろうと思われます。積極的な活用を心掛けていただきたいと思っています。

Q111　　妨害目的類型について、「重大な交通の危険を生じさせる速度」とはどのようなものですか。

A111　那須　　立法時の国会審議で、法務当局から、通常20〜30㎞で走行していれば「重大な交通の危険を生じさせる速度」に該当する場合が多い旨説明されています。

　ただし、20㎞に満たなければ一切これに該当しないと言っているわけではありません。

　結局のところ、自車、相手方車両、さらには道路の状況等から、「重大な交通の危険を生じさせる速度」に該当するか否かを、事案ごとに判断することとなります。

　なお、被疑者が、衝突の危険を感じたため急ブレーキを踏んだ後に衝突するということもあり、その場合、衝突した瞬間の速度は遅くなりますが、「重大な交通の危険を生じさせる速度」は、衝突時の速度である必要はないので、衝突時の速度が遅くなっていても、それゆえに「重大な交通の危険を生じさせる速度」への該当性が否定されるということにはなりません。

Q112 平成29年6月5日に発生した東名高速あおり運転夫婦死亡事故に係る平成30年12月14日の横浜地裁及び令和元年12月6日の東京高裁の判決を解説してください。

A112 まず、事案の概要から説明しますと、この事案は、パーキングエリアにおける駐車の仕方を注意された被疑者が逆上し、注意した人が乗った車（被害車両）が高速道路に出ると、被害車両を追い越してその進路を塞ぎ、被害車両が減速して進路変更をすると再度被害車両の前に進路変更してその進路を塞ぐ行為を数回繰り返して高速道路の中央分離帯側の追い越し車線上に被害車両を停止させた末、後ろから進行してきたトラックに追突させて、被害車両に乗っていた夫婦2人を死亡、同乗していた夫婦の2人の子供を負傷させたというものです。

この事案に対し、平成30年12月14日、横浜地裁は、妨害目的類型の危険運転致死傷罪を適用し、被告人に懲役18年の刑を言い渡しました。

この事案では、被告人による妨害行為が終わった後に事故が発生しているため、「重大な交通の危険を生じさせる速度」が要件とされている妨害目的類型に該当するのか、ということが問題になったので、この点について解説します。

そもそも「重大な交通の危険を生じさせる速度」については、事故が発生した瞬間に時速約20kmの速度が出ている必要はありません（A111参照）。あくまで妨害目的類型に該当する「運転行為」の際に、それだけの速度が出ていればいいのであって、「重大な交通の危険を生じさせる速度」は、妨害目的の行為後の因果の流れの中で発生する被害者の死傷という段階で求められる速度ではないのです。

ですから、本事案にあっては、事故自体は完全に車両が停止した後に発生したのであっても、妨害行為という「運転行為」をしていた段階では、当然に被告人車両の速度は時速20km以上出ているはずですから、危険運転致死傷罪の実行行為としての構成要件に欠けるところはないのです。

ただ、停止した後に他の車両が衝突して被害者が死亡してしまったので、それは妨害行為をした運転者の責任ではないのではないか、つまり、妨害行為をした運転者の行為と被害者の死亡との間には因果関係がないのではないかとい

うことが問題となるのです。

　しかしながら、この点については、極めて類似した事例である最決平16. 10. 19刑集58巻7号645頁が参考になります。この事案は、大型トレーラーに対してあおり行為をした普通乗用自動車の運転者である被告人が、同トレーラーを高速道路上で停止させた上、その運転者に暴行を加えた後、その現場から立ち去ったというものでしたが、被告人に同トレーラーの鍵を持っていかれたと運転者が誤信していたため、実は自ら持っていた鍵の発見が遅れるなどして同トレーラーの発車が遅れた結果、同高速道路を走行してきた普通乗用自動車が同トレーラーに追突し、追突車の運転者等が死亡したというものでした。

　この事案において、最高裁は、被害者の死亡は、既に現場から立ち去った被告人の一連の行為がその後の追突事故を引き起こしたものと認定し、被告人の行為と被害者の死亡との間の因果関係を認定したのです。

　この最高裁の考え方に従えば、本件も、被疑者の妨害行為によって被害者の車両を停止させたのであり、その直後の追突による被害者の死亡は、被疑者の行為と因果関係を認めることができるでしょう。このような理解に立てば、本件は実は法律的には何も問題はない事件であると分かると思います。

　もっとも、この事案で、横浜地検は、停止した状態で、速度がゼロであっても「重大な交通の危険を生じさせる速度」であると主張したようですが、これは、どうやっても無理な解釈です。停止した際の速度を捉える必要はなく、妨害行為をしている運転行為の段階で速度を捉えればよいという理解が不十分だったのでしょう。実際に、本件横浜地裁判決でもそのような主張は一蹴しております。

　前述しましたように、本件は、そもそも法律的には何も問題がない事件であるにもかかわらず、それをマスコミが当初から停止した後であるから危険運転致死罪は成立しないかのような報道を繰り返したことが横浜地検の判断に影響を与えたものと思われます。本件横浜地裁判決でも危険運転致死罪を認定しており、その理由付けも先に述べたとおりであります。

　さらに、その上訴審である令和元年12月6日東京高裁においても、全く同様の理由付けから危険運転致死罪の成立を認めております（もっとも、横浜地裁における手続違反があったようで、それで破棄差戻判決となっていますが。）。繰り返しになりますが、停止するまでの妨害行為を「運転行為」として捉え、

停止後の事象は、因果関係の問題として捉えれば、すっきりと理解できると思います。

補足　那須　本設問に係る事案は、2年自動車運転死傷処罰法改正法の施行前のもので、判決に関しては、城さんの解説どおりだと思います。

なお、同改正法が施行されたところ、今後、同様の行為がなされた場合、改正後の自動車運転死傷処罰法2条6号の罪の成立については、問題なく認められるものと考えられます（A83参照）。

Q113　妨害目的類型の捜査のポイントは何ですか。

A113　入尾野　妨害目的類型は、これは2年自動車運転死傷処罰法改正法によって加えられた2つの類型（A83参照）も同様なのですが、最初から運転者間に怨恨がある場合を除き、一般的には、通常走行中、何らかの原因により行為者たる運転者が激怒し、感情的になって煽り、幅寄せ、急ブレーキ等の妨害行為を行い、結果、事故を発生させるというのが典型的な形態だと思います。

ですから、捜査に当たっては、当事者の話だけを聞いて安易に事実を認定しないように注意する必要があります。特に、交通上のトラブルの場合、お互いに妨害行為をしているケースもありますし、行為者の性格（気質）によって行為の程度も違ってくるので、事実関係が明白なもの以外は、焦ることなく、当事者の言い分を聴きながらも、まずは利害関係のない目撃者の確保や防犯カメラ、ドライブレコーダーといった客観証拠の収集捜査を優先すべきだと思います。そこで確実な証拠が得られれば、その事実に基づいて立件すればいいのです。

ただ、交通上のトラブルの場合、お互いに妨害行為をしているケースも多々あるので、そのときは不公平が生じないよう、双方とも危険運転致死傷罪又は暴行罪・傷害罪での立件も視野に入れ、相被疑事件として捜査することも忘れ

てはいけません。

補足　那須　　妨害行為は事故現場のみを捜査しても真相は見えてきません。発生当初の早い段階から広範にわたる聞込み等を行って目撃者を確保するとともに、広範囲の実況見分等を行って妨害行為の状況を明らかにする必要があると考えられます。

補足　入尾野　　妨害目的類型に関しては、行為者の性格（気質）が大きく影響します。

　気に入らないことがあるとすぐにキレる激高型、普段まじめでおとなしい性格なのに車のハンドルを持つと人が変わるとか、大型トラックを運転すれば自分が強くなったかのように気持ちが大きくなって妨害行為をしてしまうとかいろいろあります。また、「そこまでやるか」というくらい、とことん追い詰めるタイプの人間もいます。いずれにせよ、警察としては、絶対に許してはいけない、妥協してはならない事案だと思っています。

Q114　妨害目的類型の捜査に関し、参考となる事案はありますか。

A114　入尾野　　私自身が捜査したものとして、大型バイクとスポーツタイプの車が、通勤途中の山間の道路で抜いたり抜かれたりのバトルを繰り広げる中、右カーブに迫った区間で、車がバイクに幅寄せし、バイクがカーブ線形に応じて進行できず、ガードレールに激突して死亡したひき逃げ事件があります。

　この事件では、車両同士の衝突もなく、被疑者も完全否認という状況の中、目撃者立会いの実車使用による再現見分、バイク搭載のナビゲーションシステムの解析（走行位置と速度）等に加え、同ナビデータの走行位置の精度と速度の正確性等を科学的に立証し、その結果、妨害目的類型の危険運転致死罪と救護義務違反で懲役7年の判決が下されました。

第 7 章 　**赤色信号殊更無視類型（自動車運転死傷処罰法 2条7号）**

Q115　　赤色信号殊更無視類型について、「殊更に無視」とはどのようなものですか。

A115　那須　　「殊更に無視」とは、およそ赤色信号に従う意思のないものをいいます。例えば、赤色信号であることについての確定的な認識があり、停止位置で停止することが十分可能であるにもかかわらず、これを無視して進行する行為はもちろんのこと、信号の規制自体に従うつもりがなく、およそ信号が何色であるかなど一切意に介さずに、対面信号機が赤色信号を表示している交差点を突っ切る行為もこれに当たります。

　なお、交差点までの距離と自車の速度から判断して、交差点にある信号が赤色に変わる前に交差点を通過できるだろうと思って進行したところ、もはや安全に停止することが困難な地点に至って赤色信号に気付いたような場合には、赤色信号を「殊更に無視」したとは言えないと考えられます。しかしながら、スリルを味わおうなどと考えて赤色信号に向けて時速約135kmで走行し、「一か八かの類の根拠がないに等しい希望的観測」に基づいて「対面信号が青色に変わるとか変わって欲しいと」思いつつ、そのまま対面信号機が赤色信号を表示している交差点内に進行し、交差道路から対面信号機の青色信号に従って交差点に進行してきた自動車と衝突したような場合には、赤色信号殊更無視類型が成立します（宇都宮地判平16．8．3裁判所HP）。

＜参　照＞

○　自動車運転死傷処罰法

第2条　次に掲げる行為を行い、よって、人を負傷させた者は15年以下の懲役に処し、人を死亡させた者は1年以上の有期懲役に処する。

　⑦　赤色信号又はこれに相当する信号を殊更に無視し、かつ、重大な交通の危険を生じさせる速度で自動車を運転する行為

Q116 赤色信号殊更無視類型について、「重大な交通の危険を生じさせる速度」とはどのようなものですか。

A116 那須　A111の妨害目的類型における「重大な交通の危険を生じさせる速度」と同じです。

やはり、個別の事案ごとに判断する必要があります。

補足　城　赤色信号殊更無視類型の危険運転致死傷罪では、「赤色信号を殊更に無視して走行した」ときに、時速約20kmが出ていればいいのであって、その後、青色信号に従って進入してきた車両を発見して急ブレーキを掛けた結果、速度が時速20kmよりずっと低い速度になって衝突したとしても、構成要件に欠けるところはありません（A111参照）。

Q117 赤色信号殊更無視類型の捜査のポイントは何ですか。

A117 入尾野　一言で言えば、たとえ、被疑者が信号看過を主張したとしても、これを安易に信用することなく、常に赤色信号殊更無視類型での立件を視野に入れ、目撃者の確保や防犯カメラ等の捜査を尽くした上で、擬律判断をすることです。

また、被疑者が自認していても油断は禁物です。初動捜査の段階から公判を意識し、実況見分を含め、取調べ等、常に、任意性を担保した捜査を尽くす必要があるのです。

立証要領を具体的に言えば、次のとおりです。

まず、被疑者自身、現場が信号機設置の交差点だと認識していたかどうか、信号の色を見ていたのか、見ていなかったのか、色は何色だったのか等について被疑者の話を聴きます。さらに、通報者、目撃者、被害者に事故の状況を確認するとともに、救急隊員や第一現着の警察官に、被疑者がどのような話をしたのか、事故直後の第一声はどのような内容であったのか等を最優先で確認する必要があります。そこで、赤色や黄色の信号を見ているようであれば、迷う

ことなく、被疑車両又は類似車両の運転席に被疑者を乗車させて実況見分を行い、任意性と信用性を確保しつつ、慎重に信号を見た地点を特定します。

そして、被疑者が、赤色信号無視を認めた場合には、その現場又は隣接の交番や警察署において、速やかに①赤色信号を無視して事故を起こしたことに間違いないこと、②赤色信号を無視した理由、③赤色信号に気付いたときにブレーキをかけていれば、停止線手前又は交差点に入る直前の安全な場所に止まれたこと等について、内心の描写を含む具体的な内容による上申書又は供述調書を作成します。これは絶対に徹底すべきです。実際、後から供述を変遷させたり、公判廷において「警察官に誘導された。強要された。」などと警察捜査の任意性を否定したりする可能性が極めて高いからです。

また、現場見分については、その任意性を担保するためには、見分官の言葉遣いと態度まで気を遣うほか、現場写真を撮る流れの中で、被疑者自ら任意に警察官に説明している様子の写真を撮っておくことも忘れてはいけません。特に、赤色信号を見た位置関係を特定する場合、被疑者が見分官に任意に説明している様子の写真を撮影しておくことにより、ゆくゆく「公判における反証対策にもなる」ということも頭に入れておいて捜査すべきだと考えています。

さらに、赤色信号殊更無視類型は、殊更に赤色信号を無視しただけでは足りず、「重大な交通の危険を生じさせる速度」が必要なので、客観的に速度を算出する必要があります。速度算出には、車両の変形量からの速度鑑定や防犯カメラ、ドラレコ等の画像に基づいた速度鑑定等がありますが、鑑定には、現場路面の痕跡や部品の散乱状況等の位置関係も重要となりますので、漏れなく記録し、被疑車両及び被害車両も証拠化する必要があります。

また、信号絡みの事故の場合、防犯カメラの画像等から事故の発生時間が何時何分何秒と正確に特定できれば、事故当時の信号サイクルの現示階梯（何色の何秒目）まで正確に特定することが可能です。ですから、防犯カメラはもちろん、ドラレコ等の捜査においては、事故現場直近に限らず、進行道路沿線を遡って実施します。

最後に、現場での捜査に当たっては、赤色信号無視をする場合の運転者心理を理解しながら実施することです。パトカーの追跡からの逃走時等信号を「意に介さない」ような場合は例外として、普通の一般市民であれば、いくら急いでいたとしても事故は起こしたくない心理が働くはずです。確かに一か八かの

進入もあるとは思いますが、通常、交差点に近づく際に交差道路の安全は確認すると思いますので、その辺の運転者心理を理解して、交差点形状、見通し状況、そして発生時間帯の交通量や実勢速度等も考慮して捜査に臨む必要があります。

Q118　赤色信号殊更無視類型について、共謀共同正犯が認められた事案はあるのですか。

A118 　危険運転致死傷の各類型において、共謀共同正犯が認められるかが問題となりますが、赤色信号殊更無視類型については、いわゆる砂川市一家死傷事件において、これが認められました。

　この事案は、共に飲酒していた仲間が更に別の居酒屋に行くために2台の普通乗用自動車に乗って、互いに速度を競って、いわゆるカー・チェイスをして走行していたところ、本件の事故現場である交差点で進行方向の信号が赤色であるにもかかわらず、2台とも高速度で進入し、そのうちの1台が左方道路から青色信号に従って進行してきた車両と衝突し、その運転者と同乗者の一家5人を死傷させたものです。

　この事案において、被害車両と衝突したのは1台だけで、その運転者については、赤色信号を殊更無視することによりその被害を生じさせたものですから、実行行為も因果関係も明らかです。問題は、一緒にカー・チェイスをしていて被害車両と直接的には衝突していないもう1台の車両の運転者の刑責です。

　最終的には、赤色信号殊更無視類型での共謀が認められるかどうかが問題となりましたが、当時の両車両の走行状況や、赤色信号までの見通し状況等の客観証拠から、走行中における両被疑者の黙示の共謀が認められました（札幌高判平29.4.14裁判所HP）。衝突していない車両の運転者は最高裁に上告しましたが、平成30年10月、上告が棄却されました。

　なお、この事件の最高裁の判断において、場合によっては、刑法の共謀共同正犯理論に影響を与えるような論理を展開する判断もあり得るかと思って期待していたのですが、最高裁は、本件の事例に即して、「事例判断」として、こ

のような場合にも共謀が認められるという認定をして有罪としたもので、理論
面には踏み込みませんでした。

城祐一郎　最高検検事のモノローグ　⑧

赤色信号殊更無視類型の更なる立件のために

　私は、赤色信号殊更無視類型はもっと立件できるのではないかと思って
おります。というのは、赤色信号看過というのは故意が全くありませんか
ら当然に対象外ですが、赤色信号無視の事故というのは、本類型成立前か
ら少なくない数がありました。そして、自動車運転死傷処罰法において本
類型を設けるに当たって、赤色信号無視の事故のうち、信号の変わり目な
どの未必的な故意の場合を除くために、赤色信号殊更無視という概念を
作ったのであって、そうであるなら、未必の故意の場合以外の赤色信号無
視事案、つまり、今までもあった赤色信号無視の事故の多くは、全て本類
型の危険運転致死傷罪として成立することになるのです。

　それゆえ、危険運転致死傷罪の各類型のうち、条項・内容別では、赤色
信号殊更無視類型の検挙数が、自動車運転死傷処罰法施行後の累計では依
然として多い（186頁参照）のですが、私の感覚では、まだまだ捜査をす
る側が、赤信号無視による人身事故を、過失運転致死傷罪として控えめに
立件している例が多いのではないかと懸念するところです。

　赤色信号殊更無視類型の危険運転致死傷罪においては、被疑者が赤色信
号を無視しようとして運転した行為と因果関係にある範囲内なら、全てこ
の罪が成立します。ですから、交差点に入る前に衝突したような場合で
あっても、赤色信号を無視して進行しようとした場合であるなら成立しま
すし、また、交差点の出口であっても、それが赤色信号を無視して走行し
た結果であるなら因果関係が認められ、この罪が成立するのです。

第8章　通行禁止道路類型（自動車運転死傷処罰法2条8号）

Q119　通行禁止道路類型について、「通行禁止道路」とはどのようなものですか。

A119
那須　　通行禁止道路については、下記＜参照＞のとおり「道路標識若しくは道路標示により、又はその他法令の規定により自動車の通行が禁止されている道路又はその部分であって、これを通行することが人又は車に交通の危険を生じさせるものとして政令で定めるものをいう。」とされており、自動車運転死傷処罰法施行令2条にその内容が定められています。

そして、同条によって定められたものとしては、次の①～④があります。

①　道路標識等による車両通行止め道路、自転車及び歩行者専用道路（又はその部分）

②　道路標識等による一方通行道路（又はその部分）

③　高速道路・自専道の中央から右側部分

④　安全地帯及び道路の立入禁止部分

なお、道路標識等により一部の自動車のみ通行禁止又は一方通行の対象となっている道路は通行禁止道路には含まれません。

＜参　照＞

○　自動車運転死傷処罰法

第2条　次に掲げる行為を行い、よって、人を負傷させた者は15年以下の懲役に処し、人を死亡させた者は1年以上の有期懲役に処する。

⑧　通行禁止道路（道路標識若しくは道路標示により、又はその他法令の規定により自動車の通行が禁止されている道路又はその部分であって、これを通行することが人又は車に交通の危険を生じさせるものとして政令〔自動車運転死傷処罰法施行令第2条〕で定めるものをいう。）を進行し、かつ、重大な交通の危険を生じさせる速度で自動車を運転する行為

Q120 　通行禁止道路類型について、「重大な交通の危険を生じさせる速度」とはどのようなものですか。

A120 　「重大な交通の危険を生じさせる速度」については、妨害目的類型、赤色信号殊更無視類型のものと同じです（A111、A116参照）。

　そして、やはり、個別の事案ごとの判断となりますが、例えば、路地を曲がって幼稚園に隣接する狭い車両通行止め道路に入り込んですぐ、その道路でじゃれ合っていた幼稚園児を轢いて死傷させたような事案については、時速15㎞で走行していたとしても、「重大な交通の危険を生じさせる速度」に該当し得ると考えられます。

Q121 　通行禁止道路類型の捜査のポイントは何ですか。

A121 　通行禁止道路類型の捜査のポイントは一つだけです。それは通行禁止道路であることの認識です。これさえ押さえておけば、それ以外のことは客観的な証拠で何とかなります。

　例えば、これまでも一方通行違反による事故等は、そこそこあったわけですが、その際、被疑者が一方通行道路を逆走したということは、事案にもよりますが、それほど熾烈には争われてきませんでした。というのは、そのような道交法違反が加算されても、情状が若干悪くなるだけで、処分それ自体にはそれほど大きな影響を与えていなかったからです。

　ところが、本類型ができたことから、もし自分が一方通行の逆走を認めてしまったら、その瞬間に道交法違反（一方通行逆走）と過失運転致死傷罪であったものが危険運転致死傷罪となることから、その認識を否定しようとするのです。

　ただ、事故直後は、自分が逆走をしたことが原因だと分かっていますから、現場に来た警察官にも本当のことを言う可能性があります。ところが、冷静になって危険運転致死傷罪に問われることになると分かった瞬間から、実は一方

通行とは知らなかったなどと平然と否認するようになります。

　ですから、最初に一方通行の逆走を認めた際の自白調書やその信用性を確保する手立てを考えておくべきです。取調べにおいても、なぜ一方通行の逆走と分かっていたのか、例えば、いつも走っている道だから当然に知っていたし、入口のところにははっきりと進入禁止の標識があって、それを見ていた。でも、急いでいたからそのまま進んだなどと、その認識をできるだけ具体的に聴取しておき、後に否認しても耐えられるようにしておかなければなりません。

　　　　　　　　　　　通行禁止道路類型も赤色信号殊更無視類型と同じように被
補足　入尾野　疑者が「地理不案内で分からなかった。」とか「標識に気づかなかった。」などと弁明してくるので、決してそれを鵜呑みにすることなく、危険運転致死傷罪の適用を視野に入れた現場捜査を徹底するという意識付けが一番重要です。

　特に通行禁止道路類型は、通行禁止の道路だと知って区間内に入った認識、故意性が認められれば、人身事故即危険運転致死傷罪が成立するので、負傷程度の軽重にとらわれず捜査を尽くして、絶対に見逃すことのないようにしてもらいたいと思います。

　また、たとえ被疑者が認めていても、決して油断することなく、例えば実況見分においては、標識・標示の視認状況や被疑者が見た位置関係等を確実に特定します。その際は、必ず、被疑車両が使用可能であれば被疑車両、もしフロントガラスが破損するなどして視認不能であれば、それに代わる同型車種の車両を使用し、運転席に乗車させた被疑者立ち会いの下、規制開始場所（被疑者進入場所）手前付近から走行経路を案内させながら各地点（標識・標示等の位置）を特定し、運転席からの視認状況等を明確に写真撮影しておく必要があります。さらに、取調べにおいても、後に供述を変遷させたとしても耐えられるような具体的内容で認識部分を押さえておく必要があるのです。

入尾野良和　警察庁指定広域技能指導官のモノローグ 5

スクールゾーンへの立入りと危険運転致死傷罪

　捜査自体からは離れますが、私自身、ドライバーの方に広く訴えたいこととして、朝夕の時間帯に通行禁止となる「スクールゾーン」に関して申し上げたいと思います。

　それは、朝の出勤時間に間に合わないなどの理由で急いでいても、また、警察官が取り締まりをしていないとか、他の車が行ったから自分も大丈夫だろうなどという安易な気持ちで、スクールゾーンに入っては絶対にダメだということです。

　他の車につられて入り、その区間内で人身事故を起こしてしまうと、即座に通行禁止道路類型の危険運転致死傷罪が適用されてしまうおそれがあります。スクールゾーンへの立入禁止については、歩行者だけでなく、日頃善良なドライバーの家族、友人の幸せな日常を守るという観点からも、強く申し上げたいと思います。

第 9 章　一定の病気類型（自動車運転死傷処罰法3条2項）

Q122　一定の病気類型における「一定の病気」にはどのようなものがありますか。併せて、捜査上留意すべき事項は何ですか。

A122 那須　一定の病気については、自動車運転死傷処罰法施行令3条により、

① 自動車の安全な運転に必要な認知、予測、判断又は操作のいずれかに係る能力を欠くこととなるおそれがある症状を呈する統合失調症

② 意識障害又は運動障害をもたらす発作が再発するおそれがあるてんかん（発作が睡眠中に限り再発するものを除く。）

③ 再発性の失神（脳全体の虚血により一過性の意識障害をもたらす病気であって、発作が再発するおそれがあるものをいう。）

④ 自動車の安全な運転に必要な認知、予測、判断又は操作のいずれかに係る能力を欠くこととなるおそれがある症状を呈する低血糖症

⑤ 自動車の安全な運転に必要な認知、予測、判断又は操作のいずれかに係る能力を欠くこととなるおそれがある症状を呈するそう鬱病（そう病及び鬱病を含む。）

⑥ 重度の眠気の症状を呈する睡眠障害

が、定められています。

捜査上留意すべきこととしては、特定の病名に該当すれば、それだけで一定の病気類型の要件を満たすというのではなく、あくまで症状によるということがあります。

そのため、特定の病名に該当していることだけでなく、その症状について、主治医等に確認しなければなりません。

また、本類型が成立するには、一定の病気の影響により、その走行中に正常な運転に支障がある状態を認識していたか否かが問題になるので、運転者本人のほか、その家族、主治医等の供述等から、その状態の認識を立証する必要があります。さらに、事故後、けいれん等の症状を呈していること等もあるため、事故後の被疑者の状況に関し、被疑車両の同乗者、被害者、目撃者、救急

隊員、臨場警察官、搬送先病院の関係者等から事情を聴いておく必要があります。

補足 入尾野　発症の頻度が少なく、発作の時間も短い部分てんかんや睡眠時無呼吸症候群といった病気の場合、本人も、疲れや寝不足からきていると思い込み、病気の自覚がなく、病院で精密検査等を受けていないケースがあります。

　また、事故後も外観上症状が残っているものであれば判別は可能となりますが、てんかんや睡眠時無呼吸症候群等では、警察官が現場に到着した時には正常な状態に戻っているケースが多々あるので、特に注意が必要です。てんかんについては、そのおそれが認められる場合には、病院において脳波検査を依頼するのですが、発作発症から時間が経過してしまうと、脳波検査をしても分からないようです。

　実際、てんかんといえば、ついつい、体が硬直して倒れ、全身が痙攣し、意識を失う強直間代発作をイメージしてしまう人も多いかもしれませんが、タクシー運転者がてんかんの複雑部分発作を起こしながらも運転を続け、その途中事故を起こしたにもかかわらず、全く気にする様子もなくその場から離れ営業を続けていたという事案もあったように様々な症状があるので、注意が必要です。

<参　照>
○　自動車運転死傷処罰法
第3条第2項　自動車の運転に支障を及ぼすおそれがある病気として政令〔自動車運転死傷処罰法施行令第3条〕で定めるものの影響により、その走行中に正常な運転に支障が生じるおそれがある状態で、自動車を運転し、よって、その病気の影響により正常な運転が困難な状態に陥り、人を死傷させた者も、前項と同様〔人を負傷させた者は12年以下の懲役、人を死亡させた者は15年以下の懲役〕とする。

Q123 一定の病気類型の捜査のポイントは何ですか。

A123 入尾野　一定の病気類型は、見落としの可能性が高く、現場にとって本当に難しい事故の一つといえる（A122＜補足＞参照）反面、一旦社会的反響の大きな事故が発生してしまえば、過去の事故捜査内容について追及されるおそれが極めて高いので、危機感を持って捜査に臨むべきだと思います※。

被疑者について一定の病気かどうかを見極めるためには、発生事故の態様と被疑者の言動や態度等を判断材料に、被疑者の環境捜査を徹底するしかありません。そのため、薬物類型と同様、発生現場で異常な行動が見られない場合でも、発見遅滞の追突事故や対向はみ出しの事故といった事故態様で、被疑者が

① 言語、態度、目つきなどがおかしくて話がかみ合わない

② 事故の状況を覚えていない。何で事故を起こしたのか分からない

③ 脇見を主張しながらも現場の道路状況や事故態様等から見ても整合性がない

場合等には、迷わず、一定の病気又は薬物の影響による危険運転致死傷罪の適用を視野に入れ、早い段階で、尿又は血液の証拠化を図る必要があります。一定の病気に罹患している人の中には、症状の抑制を図る薬を服用している人もいるので、病気の認識を得る意味からも、尿や血液の鑑定は、重要な捜査項目の一つとなります。

さらに、速やかに事故歴捜査と健康保険証の履歴照会等を行います。その結果、過去に物件事故を含め数回の事故を起こしていれば、一定の病気の嫌疑も高くなります。また、一定の病気に罹患しながら病院に通ったことのない人もいますが、そうした被疑者であればなおさら、家族、勤務先関係を含め、環境捜査を徹底して、一定の病気又は意識障害をもたらす発作等の認識を立証する必要があります。

また、立証上最も重要になるのは、意識障害等を伴う発作の発症前に必ず現れるはずである予兆です。被疑者がその予兆を認識していた部分を立証するためには、医学的見地からと環境捜査による関係者の聞き取り等で明確にする必要があるので、一定の病名に関する個々具体的な症状や予兆等について調べる

必要があります。

　この一定の病気絡みの事故は、物件事故であっても病状等に関する裏付け捜査を実施して、事実関係が裏付けられたなら道交法66条で立件し、立件不能であった場合でも臨時適性検査係への報告は失念しないようにします。また、被疑者の運転免許更新状況等も捜査して、更新前に意識障害等の発症事実が明らかであれば、当然ながら運転免許不正受交付罪等の立件も忘れてはいけません。

補　足　城　　決められた処方に従っていないために運転中に発症したような場合には、主治医の取調べが大事になります。ただ、事故の被害者よりも自分の患者を大事にしようとする人も中にはいるので、取調べが難航することもあります。

※　一定の病気類型の危険運転致死傷罪が定められる前の事故として、平成23年4月、栃木県鹿沼市内の国道上において発生した、クレーン車の運転者がてんかんの発作により意識を消失し、登校中の児童の列に突入して、小学生6名が死亡した「鹿沼市クレーン車暴走事故」がある。同人は、過去に何度も事故を起こしながら、持病について申告せずに運転免許証の更新を行っていた。また、当該事故の際には、小学生をはねて重傷を負わせた別の事故により執行猶予中であったが、その事故については、捜査の結果、居眠り運転とされていた。

第10章　危険運転致死傷罪全般の適用増に向けて

那須修　元警大交通教養部長のモノローグ　⑧

危険運転致死傷罪全般の適用増に向けて

　一部の類型について、本編の「モノローグ」等で皆さんが述べられましたが、私は、危険運転致死傷罪全般について、もっと適用件数を増やせるはずだと思います。

　現在、危険運転致死傷罪の件数が伸び悩んでいるように思える理由はいくつかありますが、その一つとして、裏付け捜査等に関し、捜査員の人数不足が原因でなかなか進めることができず、結果として担当者への支援がないまま危険運転致死傷罪としての立件を諦めてしまうというような体制面の問題もあると思われます。これは、幹部の指揮能力とともに、業務全体のマネジメント能力の問題とも結びつくと思います。

　また、警察部内における教養の問題、検事が全て積極的とは限らないといった問題もありますが、これについては、事案を集めて捜査のポイントを探って部内教養を徹底したり、日頃から検察庁と積極的なコミュニケーションと情報共有を図る必要等があると思います。

　ただ、今申し上げたようなことは、実は危険運転致死傷罪の捜査に限った話ではなく、交通捜査全体の力量自体につながる話であり、だからこそ、危険運転致死傷罪の適用件数が伸びないのは、まだまだ交通捜査の力量アップに向けてやるべきことが残されていることの象徴ではないかと思うのです。

　ですから、解決の特効薬のようなものはなく、各人が、やるべきことをやって交通捜査の力量アップに少しずつでも貢献していく必要があるのだと思います。そして、そのことは、今、直接交通捜査を行う立場にはない人にも当てはまるのであり、例えば、体制の整備や業務の効率化を進める立場の人は、とても重い責任があるのだと思います。また、一定の知見を有する人は、自らの知っている範囲で好事例や反省事例の紹介を行った

り、自らの知見を披露して現役の交通捜査員に対する教養の一助となるように努めるなど、それぞれの人が、それぞれの立場において、少しずつでもできることをやっていくことが求められるのだと思います。

補足　城　警察も検察も交通被害者のために全力を尽くすというためには、単なる過失犯として立件・処理するのではなく、被疑者の悪質性を明確に示すことができる故意犯として立件・処理すべきだと思います。

　ただ、そのためには、警察だけでできることではないので、検察庁の担当検察官の力量、更には、その上の決裁官の理解と度量が必要になってきます。これは警察に言う話ではないのですが、検察も危険運転致死傷罪の適用に向けて、より積極的に取り組んでほしいと思っています。

補足　入尾野　私は、危険運転致死傷罪の適用が可能な事故には、必ず同罪を適用するという強い気持ちと姿勢が交通警察官には必要だと考えています。そのためにも、交通捜査に携わる以上、危険運転致死傷罪の制定やその後の度重なる改正の背景にある被害者や遺族等の無念さを理解する必要があると思います。

＜参　考＞

危険運転致死傷罪等の適用件数の推移（平成28年〜令和２年）

種別＼年別 自動車運転死傷処罰法		平成28年			平成29年			平成30年			令和元年			令和２年中		
		致傷	致死	小計	致傷	致死	小計	致傷	致死	小計	致傷	致死	小計	致傷	致死	小計
法第2条	アルコールの影響	107(6)	7	114(6)	138(9)	5	143(9)	102(4)	3	105(4)	128(8)	11	139(8)	159(9)	8	167(9)
	薬物の影響	12(2)	0	12(2)	14	0	14	12(1)	0	12(1)	14(1)	0	14(1)	9	0	9
	高速度	10(1)	8	18(1)	16(2)	5	21(2)	16(3)	5	21(3)	22(3)	9	31(3)	27(3)	12	39(3)
	無技能	3	0	3	2	0	2	1	1	2	1	0	1	0	0	0
	妨害目的	13	1	14	22(1)	2	24(1)	25(1)	0	25(1)	32(2)	1	33(2)	33(4)	2	35(4)
	殊更信号無視	167(30)	17	184(30)	178(34)	8	186(34)	155(20)	14	169(20)	148(20)	4	152(20)	158(31)	5	163(31)
	通行禁止道路進行	17(1)	0	17(1)	17(2)	1	18(2)	17(3)	1	18(3)	19	1	20	14(1)	0	14(1)
	合計	329(40)	33	362(40)	387(48)	21	408(48)	328(32)	24	352(32)	364(34)	26	390(34)	400(48)	27	427(48)
法第3条	アルコールの影響	128(10)	7	135(10)	156(3)	4	160(3)	160(5)	6	166(5)	182(4)	7	189(4)	185(9)	10	195(9)
	薬物の影響	21(2)	2	23(2)	23	0	23	20	2	22	18(2)	3	21(2)	26	0	26
	一定の病気の影響	73(3)	2	75(3)	73(2)	6	79(2)	68(1)	5	73(1)	62(3)	4	66(3)	78(1)	4	82(1)
	合計	222(15)	11	233(15)	252(5)	10	262(5)	248(6)	13	261(6)	262(9)	14	276(9)	289(10)	14	303(10)
小計 （危険運転致死傷罪）		551(55)	44	595(55)	639(53)	31	670(53)	576(38)	37	613(38)	626(43)	40	666(43)	689(58)	41	730(58)
法第4条	過失運転致死傷アルコール等影響発覚免脱罪	104(8)	5	109(8)	111(5)	2	113(5)	119(5)	11	130(5)	96(8)	3	99(8)	104(6)	6	110(6)
総　計		655(63)	49	704(63)	750(58)	33	783(58)	695(43)	48	743(43)	722(51)	43	765(51)	793(64)	47	840(64)

注１　件数はいずれも送致数のほか、送致後に罪名変更となったものを含む。
　２　（　）は、法第６条の無免許加重の件数で、内数である。

（警察庁資料より）

第4編

今後に向けての提言等

新たな事象、新たな法令へ
の対応と捜査の高度化等に
向けた創意工夫を！

第1章　捜査の高度化等のために

入尾野良和　警察庁指定広域技能指導官のモノローグ 6

被疑者取調べ等の在り方

　仕事は、一生懸命に尽くせば、それに見合った満足感や達成感が必ずあります。逆に、諦めて手を抜いてしまえば、そこで終わりで、忘れた頃に問題が出てきて、結果的に余計苦労することになります。私自身、そんな経験を積み重ねながら導き出した答えが、事件捜査等を含め、「自分に与えられた仕事は手を抜かず一生懸命にやる。」「どうせやるならゼロか100だ。」という結論なのです。

　これは、被疑者の取調べに対しても通じるもので、「中途半端に落とすなら否認の方がいい。」「落とすんだったら完落ちさせろ。」という感じです。というのも、交通事故事件の被疑者の場合、刑事事件の被疑者と違い確定的な故意に基づく職業的な犯罪者ではないので、危険運転致死傷罪を視野に入れて捜査すべき事故を、被疑者の供述等を信用し、認識や故意性が取れないなどの理由で過失運転致死傷罪で処理してしまえば、被疑者からみれば、「良かった。バレなかった。」などと思うでしょう。しかし、それでは本当の意味で被疑者のためになりません。心にしこりを残したままの被疑者は、心底反省しませんし、刑が軽くなったという良い思いをしているので、再び、同種違反を繰り返してしまいます。特に飲酒運転はそうです。

　実際、完落ちした被疑者は、刑が重くても自分でやった責任だとして誰も恨みませんが、中途半端に落とした被疑者の場合、軽い刑で済むものと期待していますので、自分が想像した刑より重ければ、自分のことを反省する前に、他人を責めてしまうのです。そうなれば心に恨みを持ったまま刑に服することとなるので、心からの反省は期待できません。だからこそ、被疑者に自分で道を決めさせる。「話す話さないは、あなたが決めろ。ただ話すなら中途半端な話は聞かないよ。ゼロか100だから。」と言って、本

人に責任を課してやるのが一番なのです。そのためには、否認でも起訴できるくらいの裏付け捜査は徹底しなければなりませんが、取調べは真剣勝負なので、それくらいの覚悟が必要だと思います。

　私自身、これまで交通事故捜査のほか、暴走族事件や保険金詐欺等の特殊事件等も数多く携わってきましたが、事件捜査においては、捜査員に絶対にやってやるという気持ちがなければうまくまとまらないのを、この身をもって経験しています。ですから、事件は諦めず、気持ちを込めて捜査を尽くすだけ尽くし、その思いを、魂を捜査書類に込めて作成すれば、必ず、担当検事にもその気持ちが伝わり、思いどおりの結果が出るはずです。

| 那須修　元警大交通教養部長のモノローグ | 9 |

新たな捜査手法等の開発

　捜査の進め方等について、新しい発想等も必要だと思います。

　例えば、実際にあった話として、保険金詐欺事件の捜査で、交通事故による負傷の影響で仕事ができないという理由で休業損害補償を請求し、保険金を受け取っていた者が、あろうことかあるスポーツ競技の全国大会に出場している動画がインターネット上に公開されており、捜査員がこれを発見したことによって事案の解明に結び付いたことがありました。

　このように思わぬところに証拠が転がっていることもあるので、従来からある捜査の基本を大事にしながら、全国の先進事例を研究しつつ、時代に即した新たな捜査手法等を開発していくことが求められると思います。

第 2 章　検察庁との良好な協力関係の構築

入尾野良和　警察庁指定広域技能指導官のモノローグ　　7

検察庁との良好な協力関係の構築

　千葉県警の場合は、千葉地検の交通部長検事や交通部の検事に恵まれており、何でも相談できる環境を整えていただいています。地検事務方の交通捜査官室と県警本部交通捜査課や交通指導課のデスク員との関係も良好で、お互い何でも相談できる環境にあります。

　また、警察側（39署２隊）の相談窓口担当検察官も指定されており、本部を経由しなくても直接相談窓口の担当検察官に伺いが立てられるように配慮されています。ですから、検察庁の異動期には、窓口担当検察官が受け持つ警察署に赴いて交通課長、送致係長、事故捜査係長等と直接面談したり、逆に、交通課長等を検察庁に呼んで顔合わせを行うなど相談しやすい雰囲気を構築していただいております。

　私が事件捜査指導担当の課長補佐をやった平成22年からの５年間は、とても有意義で本当に勉強になりました。最初の頃は、検察庁は敷居が高いという印象があって、相談に行くこと自体に不安がありました。当然、警察の不適正事案に関しては厳しい叱責も受けましたが、その教えは、今の千葉県警の交通捜査に大いに役立っていると思います。

　特に、自動車運転死傷処罰法が施行された平成26年当時に交通部長検事であった穴澤太市検事には大変お世話になり、危険運転を視野に入れた捜査の勉強会等を始めとして、公判を見据えた捜査の在り方や考え方等をいろいろ教えていただきました。また、検察官から見た交通捜査と題した交通事故事件捜査専科の講義はもちろん、本部捜査員に対する教養や、若手警察官に捜査のイロハを教えてあげたいと言って、ブロック別に若手警察官を集め、その現場まで自ら赴いて勉強会までやっていただきました。

　また、現役警察官による不適正事案発生の相談では、的確な指揮や助言をいただきましたし、当初、危険運転致死罪の適用が困難と思われた事件

でも、千葉地検交通部長自ら陣頭指揮を執り、県警の交通鑑識班、科捜研研究員を部長室に招いて立件に向けて検討した結果、危険運転致死罪による起訴に結びついた事件もありました（最終的に、公判では、過失運転致死罪で有罪とされました※。）。

　また、長期未処理事件が減らなかったときも、千葉地検の本庁管内だけではなく、各支部の支部長にまで声を掛けていただき、全署、未処理事件の見極め相談をやっていただいたのです。これは、未処理事件について検察官の目線で確認し、不起訴相当であれば今できている書類のまま送致してよいとか、あとこの部分を裏付ければ送致してよいとかの見極め判断をしていただいたのです。今では、長期未処理事件の解消のため、相談窓口担当検察官に個別に相談できるようになっています。

　そのほかには、年1回、検察と警察による交通事犯捜査担当者協議会を開催しています。協議会場は検察庁で、本庁ブロックと3つの支部別ブロックに分けて実施し、参加者は、本部員のほか管内を受け持つ交通課長又は送致係長、検察側は交通事犯に携わる検察官及び事務官等が一堂に会します。本庁ブロックでは交通部長検事、支部別ブロックでは支部長検事が司会を務め、警察側から出された質疑事項と検察側から出された要望事項等を検討しながら、相互に抱える課題を明らかにして疑問点を解消し、以後の捜査に生かす目的で実施しています。ちなみに終了後には意見交換会と称した飲み会がありますので、そこで酒を飲みながらお互いに本音を話し合い、友好関係を深めています。

※　千葉地判平成28年1月21日判時2317号138頁。城祐一郎「危険運転致死傷罪の認定を検討すべき事例」（「捜査研究」2017年5月号2－7頁）参照。

補足　城　まさに警察と検察は一体であるべきですから、交通事件も、刑事部が担当する刑事事件と同様に、事前の検察官との相談等はもっとなされるべきだろうと思います。もちろん、危険運転致死傷事件等、事件によっては検察官と事前相談をしているものもあると思いますが、刑事部等と比較すれば少ないように思われますので、もっと頻繁に行うべきだろうと思いますね。検察官としても、事前にどのような事件が来るのか分かっ

ていた方が、送致後の処理が早くなるというメリットがありますから。

補足 那須　検察庁との協議をより実のあるものとするためには、警察における横のつながりも重要だと思います。交通関係ではありませんが、かつて、私がある県警で捜査二課長をやっている時に、それほど多額ではない収賄の被疑者を起訴してもらったことがありました。その何か月か後、隣県で、「隣の○○県では、○○万円の収賄の被疑者が起訴されましたよ。」と検察に説明して、結果として起訴してもらったということがあったと聞きました。やはり、他県の状況をよく把握して検察との協議に臨むというのが大事だし、また、それは警察、検察双方のためになると思います。

補足 村井　警察庁交通指導課と法務省刑事課との間も、比較的友好的な関係が築かれていたように思いますが、ただ、定期的な会合が行われておらず、やはりそういうものがないと突っ込んだ協力連携というのは難しいのかなというように感じました。過去のその他の経験に照らしても、警察側が足しげく通うことと定期的に会合を持つことが大事だと感じています。

第 3 章　交通捜査の多面的意義

入尾野良和　警察庁指定広域技能指導官のモノローグ 8

交通捜査と事故の抑止活動等

　交通課を希望している多くの若い警察官は、交通捜査ではなく、「白バイにあこがれて警察官になりました。」などと言うのですが、実際に交通課員になって現場を経験していくうちに事故捜査をやりたいといって希望する者も少なくありません。

　その理由は、やはり、善良な一般市民がちょっとした不注意で事故を起こし、本当に困っているところに、親身に接し、被疑者にはちゃんと本人の過失を認めさせて反省をさせ、被害者には心中を察して対応するなど、一般市民のための警察官という本来の警察官の姿がそこにあるからだと言えます。

　実際、交通警察は、安全かつ円滑な交通の維持と交通事故抑止を常に念頭に置いています。そのような意識の中で、交通事故捜査は結果が発生してしまった犯罪捜査だと考えず、起きてしまった事故を教材に、被疑者には結果の罪を償ってもらうかたわら、二度とこんな事故を起こさないように反省させる。被害者には「私には落ち度はありません。」と言った場合でも、そうではなく、「あそこで注意していればこんな痛い思いをすることはなかったんですよ。」と二度と同じような被害事故に遭わないように諭してやることが大切なのです。また、「ご家族の方にもこんな思いをしないように教えてください。」と添えれば、経験者を介した説得ある安全教育になるわけなのです。つまり、考え方を変えれば、事故捜査を尽くすことイコール事故の抑止活動と安全教育を含めた交通警察本来の目的達成の活動を実践していることになるのです。

　そこを考えれば、見た目以上に大変な仕事になりますが、逆に、警察官としてのやりがいと誇りを持って頑張れるのが交通捜査の魅力だと思っています。

那須修　元警大交通教養部長のモノローグ　⑩

交通捜査の多面的意義

　国民の生命、身体を守っているのは、交通安全教育等の「未然防止」部門であり、交通事故事件捜査は、既に発生してしまったものの「処理」ではないか、という誤解を持つ人がいます。

　しかし、実際はそうではなく、交通事故事件防止対策を講じるためには、捜査を徹底して、その原因を突き止めることが、まず第一歩となるのです。

　例えば、子供の死亡事故が発生した場合でも、それが子供の飛び出し等であれば、周辺における交通安全教育の徹底や、学校への協力依頼等が考えられますが、事故の原因次第で、再発防止策は変わってきます。その内容としては、運転者教育の充実、現場における日頃からの交通指導・取締りの強化、道路構造の改良、標識標示の視認性の改善、最高速度その他の交通規制の見直し、道路構造の改良等についての道路管理者への働き掛け等様々なものが考えられます。もちろん、全ての施策を実施すべきなのかもしれませんが、それにしても時間と予算の制約がある中で、優先されるべき課題は何かを考えなければなりません。ましてや道路管理者等他機関に協力等を要請する場合には、特に説得力のある議論が求められます。

　こうした様々な交通事故事件防止のための施策のうち、何をどのように実施すべきか。これを考える上で、まず第一歩となるのが、交通事故事件の原因究明に向けた適正な捜査なのです。

　さらに、適正な事故事件捜査に基づく交通事故の原因等の分析結果が、自動運転に係る AI の機能改善につながるというようなことも考えられるのです。

　また、道路交通の安全と円滑の観点からは、悪質・危険運転者については、一定期間道路交通の場から排除したり、必要な講習を受講させること等が求められますが、運転者に対する行政処分の内容は、事故事件の態様・原因等によって変わってきます。そのため、悪質・危険運転者対策としても、捜査を徹底して事故事件の原因を究明することが必要となります。

　交通事故事件捜査は、刑事司法における正義の実現のためでもあり、被害者支援のためでもあり、加害者である運転者に反省を促すためでもあります。さらに、今申し上げたように、悪質・危険運転者対策も含めた、国民の生命・身体を交通事故事件から守るための施策立案のための基礎でもあります。そして、この崇高な職務を遂行するためには、日頃から勉強して自らの能力を高めることが必要不可欠となるのです。

　自らのレベルアップを図り、一つひとつの交通事故事件を確実に捜査する。交通捜査に当たる方々に、このことが国民の生命・身体の保護に直結するということを強く認識して、日々の職務に当たっていただければ、と思います（なお、被害者支援の側面については、64頁以下のモノローグ2参照。）。

第4章　道交法等の改正による罰則強化等

Q124　元年道交法改正法等による「ながら運転」に対する罰則強化等の内容はどのようなものですか。

A124 那須　「ながら運転」とは、携帯電話、自動車電話等を手に（保持）して通話をしたり、スマートフォン等の画面を注視しながら車の運転をすることをいいます。

「ながら運転」は、「携帯電話使用等（保持）」に該当しますが、これによって交通事故を起こすなど道路における交通の危険を生じさせた場合は「携帯電話使用等（交通の危険）」に該当します。

令和元年12月1日施行の元年道交法改正法及び「道路交通法施行令の一部を改正する政令」（令和元年政令第108号）による「ながら運転」に対する罰則強化等の内容は、次図のとおりです（道交法71条5号の5、117条の4第1号の2、118条1項3号の2等。レベル3の自動運転（条件付自動運転）に係る例外として、A126のなお書参照）。

			改正前	改正後
違反点数	保持		1点	3点
	交通の危険		2点	6点
反則金	保持	原付	5,000円	12,000円
		二輪車	6,000円	15,000円
		普通車	6,000円	18,000円
		大型車	7,000円	25,000円
	交通の危険	原付	6,000円	反則金の対象外
		二輪車	7,000円	
		普通車	9,000円	
		大型車	12,000円	
罰則	保持		5万円以下の罰金	6月以下の懲役又は10万円以下の罰金
	交通の危険		3月以下の懲役又は5万円以下の罰金	1年以下の懲役又は30万円以下の罰金

村井紀之　前警大交通教養部長のモノローグ

ながら運転の検挙に向けて

　もう５年ほど前でしょうか、「ポケモン GO」というスマホゲームが爆発的に流行して、全国各地でながら運転による事故が多発し、死者も出て大きな社会問題になりました。

　被害者や御遺族等の「スマホでゲームをしながら運転して事故を起こすなんて、危険運転そのもの。どうして危険運転致死傷罪として重罰を科すことができないのか」といった声をよく耳にしました。

　ながら運転事故は、危険運転致死傷罪の類型には入っていませんが、被害者や御遺族から見れば紛れもなく故意犯である危険運転致死傷罪なんです。

　その意味で、携帯電話使用等に関する罰則の強化等を定めた元年道交法改正法等が施行されたのは大きな前進だと思います。しかしながら、罰則が強化されても、事故直前に運転者がながら運転をしていたことを捜査員が見逃してしまえば、あるいは立証できなければ、意味はないのだということを、全国の交通捜査員は今一度胸に刻んでいただければと思います。

Q125　２年道交法改正法による妨害運転（「あおり運転」）に対する罰則創設等の内容はどのようなものですか。

A125 那須　２年道交法改正法は、次の①、②の妨害運転（「あおり運転」）に対する罰則を創設するもので、令和２年６月30日に施行されました。

①　通行妨害目的で、交通の危険を生じさせるおそれのある方法により、次のⅰ～ⅹの違反をした場合（３年以下の懲役又は50万円以下の罰金）

　ⅰ　通行区分（左側通行）違反（道交法17条４項）

　ⅱ　急ブレーキ禁止違反（同法24条）

　ⅲ　車間距離保持義務違反（同法26条）

　ⅳ　後車に迷惑を及ぼす進路変更（同法26条の２第２項）

    v　左側追越し・追越し時の注意義務違反（同法28条1項・4項）

    vi　減光等義務違反（同法52条2項）

    vii　警音器の乱用禁止違反（同法54条2項）

    viii　安全運転義務違反（同法70条）

    ix　最低速度違反（同法75条の4）

    x　高速自動車国道等における駐停車禁止違反（同法75条の8第1項）

②　①により著しい交通の危険を生じさせた場合（5年以下の懲役又は100万
　円以下の罰金）

　また、②の行為をした者については、免許の取消し（欠格期間3年以上10年
以下）、免許の効力の仮停止の対象とされました。

| 第 5 章 | **自動運転時代の捜査の在り方** |

Q126 レベル３の自動運転（条件付自動運転）に係るルールを定めた元年道交法改正法等の内容はどのようなものですか。

A126 那須　レベル３の自動運転に対応する技術の実用化に対応する元年道交法改正法及び「道路交通法施行令の一部を改正する政令」（令和元年政令109号）の規定、さらに、「道路運送車両法の一部を改正する法律」（令和元年法律14号）等の関係法令が、令和２年４月１日に施行されました。

　これらの内容として、まず、道路運送車両法上、自動運転を可能にする自動運行装置について、一定の使用条件（走行環境条件）※下において、自動車の操縦に関する認知・予測・判断・操作の全部を代替する機能を有するもので、その機能の作動状態のデータを記録するための装置（作動状態記録装置）を備えていなければならない、とされました（同法41条２項）。

　また、道交法上、自動運行装置を備えている自動車の使用者は、作動状態記録装置により記録されたデータの保存が義務付けられました（同法63条の２の２第２項）。警察官は、整備不良車両に該当すると認めるときは、運転者等に対し、当該データの提示等を求めることができるとされました（同法63条１項）。

　自動運行装置の使用条件を満たさない場合や、作動状況記録装置が正常に働かない状態で使用した場合、違反点数（２点）、反則金（大型車１万2000円、普通車9000円、二輪車7000円、原付6000円）、罰則の対象となります（同法63条の２の２第１項、71条の４の２第１項、119条、123条等）。

　なお、使用条件を満たした自動運行装置による運転中における、携帯電話を手にした通話や、スマートフォンやカーナビ等の画面の注視、ゲームの操作等は、すぐに自動運行装置から運転操作を引き継げるという状況であれば認められます（同法71条の４の２第２項）。

※ 自動運行装置の使用条件としての走行環境条件は、国土交通大臣が付すこととされており、その内容としては、走行速度、道路（高速道路限定等）、ルート、天候、時間等の制限等がある。

<参 考>

自動運転化レベルの定義の概要

レベル	名　称	定義概要	安全運転に係る監視、対応主体
運転者が一部又は全ての動的運転タスクを実行			
0	運転自動化なし	運転者が全ての動的運転タスクを実行	運転者
1	運転支援	システムが縦方向又は横方向のいずれかの車両運動制御のサブタスクを限定領域において実行	運転者
2	部分運転自動化	システムが縦方向及び横方向両方の車両運動制御のサブタスクを限定領域において実行	運転者
自動運転システムが（作動時は）全ての運転タスクを実行			
3	条件付運転自動化	システムが全ての動的運転タスクを運行設計領域において実行 作動継続が困難な場合は、システムの介入要求等に適切に応答	システム（作動継続が困難な場合は運転者）
4	高度運転自動化	システムが全ての動的運転タスク及び作動継続が困難な場合への応答を限定領域において実行	システム
5	完全運転自動化	システムが全ての動的運転タスク及び作動継続が困難な場合への応答を無制限に（すなわち、限定領域内ではない）実行	システム

Q127 自動運転による事故に備えて、報告体制の整備等を行っている都道府県警察はあるのですか。

A127 入尾野　千葉県警では、平成28年11月、運転支援システム（プロパイロットシステム）搭載車の試乗時に、運転者が前方停止車両を認識していたにもかかわらず、同乗の自動車販売店店員の誤った認識に基づく指示により、ブレーキをかけずに走行させたところ、走行環境の影響から衝突被害軽減ブレーキが作動せず、結果、前方停止車両に追突する玉突きの人身事故が発生し、翌年4月に、運転者を過失運転致傷罪、同乗者で誤指示をした販売店店員と同販売店責任者を業務上過失傷害罪の被疑者として立件送致したことを受けて、同様に運転支援システムを過信した事故発生等の可能性も視野に入れた同システム搭載車の事故発生時の報告体制を整備しました。

それに伴い、物件事故や人身事故の現場で、当事者の人定事項や車両関係等を確認して記載する手控え項目欄に、運転支援システムの「搭載の有無」と「作動の有無」について、現場で運転者等に確認するチェック項目を増やしました。これは、現場に臨場する警察官に、運転支援システムや自動運転に関する意識を持ってもらいたいとの意向と、事案によっては危険運転致死傷罪の適用を視野に入れて捜査すべき可能性も出てくるので、それを考慮しての対応です。

と申しますのも、運転支援システムの被害軽減ブレーキや車線維持システムが搭載されている車の場合、システムが正常に作動したとすれば、まずは、ピィー、ピィー、ピィーと警告音が鳴ります。被害軽減ブレーキでは、その後、一時的に運転者に注意喚起する軽いブレーキが作動し、それでも運転者が対応しない場合には、メーターパネルにブレーキと赤色警告表示が出るのと同時に急制動がかかる流れとなります。通常であれば、警告音が鳴ったとき、運転者はハッと気づいて正常な運転操作に戻ると思いますが、それでも事故を起こしたとなれば、運転者が、深い居眠り、病気、薬物、酒酔い等で正常な運転が困難な状態にあったのではという可能性が出てきます。そうなると、必然的に危険運転致死傷罪の適用を視野に入れて捜査しなければなりません。

そして、危険運転致死傷罪に係る捜査の場合は特に、初動時において確実に証拠を保全しなければ証拠が埋もれてしまう可能性が極めて高いため、運転支

援システム搭載車が加害車両となる人身事故の発生時には、事件主管課である交通捜査課に速報を義務付け、現場に応援派遣を求めるようにしたというものです。

入尾野良和　警察庁指定広域技能指導官のモノローグ　⑨

自動運転に係る全国的な情報共有の枠組の整備

　現場では、どうしても頻繁に発生する事故捜査の現象面に追われてしまいがちですので、自動運転についての指導・教養を徹底し、車の性能等の進歩についていける事故捜査を確立できればと思っています。

　ただ、一つの県でやろうとしても限界があるので、各都道府県で発生した新たな重大特異事案等の捜査情報や実証実験のやり方や結果を取りまとめ、情報を共有し、同種事故事件発生時の捜査に生かすということが大事になってくると思います。

　先般、自動運転絡みではないのですが、ある新たな形態の事件について、一部都道府県の担当者が警察庁に集められ、同じ方向性を持って事件解決できるよう情報共有の場が設けられました。これに参加した者はすごく勉強になったし、他府県に人脈も作れたので本当に良かったと絶賛していました。このように事故事件の捜査手法や特殊な立証実験等を全国で共有することで、今後の交通警察捜査の全体の進歩にもつながると信じていますので、自動運転絡みでも、ぜひこうした全国的な情報共有の枠組を整備してもらいたいと思います。

入尾野良和　警察庁指定広域技能指導官のモノローグ　⑩

自動運転時代の捜査手法等

　自動運転の普及に伴い、捜査手法等は大きく変わっていくと思います。従前の捜査手法や要領等に固執することなく、常に社会の流れを読んで、時代に応じた捜査を展開するなど、新たな捜査手法等を確立していかなければならないと痛感しています。

　例えば、今後、レベル3クラスの自動車が主流になれば、アルコール、

薬物、一定の病気等で、正常な運転が困難な場合であったとしても、事故をシステムが回避してくれるなど、ある一定の条件下においては事故を起こさずに走行可能となるはずです。そうなると、車の機能・性能等を十分理解して捜査を尽くさなければならないのはもちろんですが、それ次第で、危険運転致死傷罪でも、成立範囲が変わってくることが考えられます。

　具体的には、過去の判例でも、酒に酔った状態で、時間にして1時間、距離にして100キロを走りながら、その間に事故を起こさなかったという事案について、自動車運転死傷処罰法2条1号の危険運転致死傷罪が成立するとしたものはないと思いますが、自動運転の場合でも、その考え方でいいのかというのは議論になるだろうと思います。

　今後、各メーカーの搭載車や機能を含むシステム名等を把握し、段階的に、必要な捜査手法等を身に付けるという姿勢で現場に臨まなければならないと思いますし、そのための教養制度等も充実させなければならないと思います。

補足　城　自動運転については、私は、正直なところ、すごく期待しています。実際に衝突を回避してくれるシステムがきちんと機能すれば、小さな追突事故等は激減するのではないかと思っています。そのことで、これまでその事故の処理に取られていた人員や時間を他に回せるのですから、一つひとつは小さな事故であっても、交通警察全体としては、かなりの負担軽減が期待できます。

　もっとも、自動運転には、それ特有の過失認定の問題が起きるだろうと思います。つまり、自動運転システムを信頼して運転したところ、なんらかの瑕疵があって、正常に機能しなかった場合等、運転者に過失を認めることができるだろうかという問題です。これは信頼の原則との絡みで問題となりまして、私としては、基本的には運転者の過失はなくなる方向に強く働くと思っています。メーカーの製造物責任との絡みもありますが、相当程度、そのシステムを信頼して運転することが刑法上も許容されると考えるべきだと思っています。

村井紀之　前警大交通教養部長のモノローグ　　　　　　　　　　②

自動運転時代を見据えた交通捜査部門のICT対応・AI（人工知能）対応

　自動運転時代を見据えた交通捜査部門のICT対応・AI（人工知能）対応に関して言うと、既に日本でも自動運転レベル2（部分運転自動化）の車が市販されていますが、これらの車に搭載されている運転アシスト機能は、車載のセンサーが感知した情報を元に車載のAIが制御するものです。それでも事故捜査に対して少なからず影響を及ぼし始めているのですが、今後、自動運転の精度を高めるために、車が車両外システムと常時通信するようになると、運転を制御するAIが車載のものと車両外システムのものと2本立てになり、制御に使われるデータも車載センサーから取得したものに車両外システムから取得したものが加わって、通信速度の高速化に伴って相当膨大なデータが参照されるようになっていくと思います。

　令和2年4月に、元年道交法改正法のうちレベル3（条件付運転自動化）に対応するための条項が施行されましたが、運転主体はあくまでも人間で、システムはアシストするだけというレベル2の世界がまだしばらくは主流だとしても、多くの車に今言ったようなシステムが搭載されるようになれば、被疑者が「システムが誤作動した」と抗弁する事態は今後増えていくと思いますし、実際にAIの不具合等によりシステムが想定外の動作を起こし、それが事故の原因ないし遠因になる可能性もあると考えるべきでしょう。

　事故捜査を担当する部門は、近い将来、AIの不具合等が疑われる事故を捜査することになるということです。そして、AIの不具合が疑われる事故というのは、ハッキング等のサイバー攻撃が疑われる事故とほぼ同義でもあります。

　問題は、そういう捜査をするのだという覚悟を交通捜査部門が持てるかどうかです。

　正直に言って、今の交通捜査部門はサイバーが得意ではありません。むしろ苦手意識を持った人が多いような気さえします。自動運転なんてまだまだ先だと思う気持ちも理解できますが、多くの捜査員がそんな意識のままでは、交通捜査部門は将来、事故捜査で行き詰まることになりかねない

と私は危惧しています。

　ただ、これはチャンスでもあって、将来を見据えて AI と向き合う覚悟を持てば、交通捜査の未来は明るいだろうとも思います。

共著者略歴

那須　修（なす　おさむ）

　平成２年警察庁入庁。国土交通省自動車交通局技術安全部管理課総括課長補佐、警察庁交通局交通規制課理事官、運転免許課外国人運転者対策官、警察大学校交通教養部長等を経て、令和２年８月から香川県警察本部長。

　主要著書として「実務Q&A　交通警察250問」（東京法令出版）、「交通事故・事件一件書類作成実務必携（第２版）」、「警察署における交通捜査ハンドブック」、「実務のための警察行政法」、「実務のための財産犯講座」（いずれも立花書房）等があるほか、平成19年度以降、首都大学東京・都市教養学部、法政大学法学部、日本大学法学部、早稲田大学法科大学院等にて「刑事学」の講義を担当するなど、指導経験豊富。

城　祐一郎（たち　ゆういちろう）

　昭和58年東京地検検事任官。以降、大阪地検特捜部副部長、交通部長、公安部長、法務総合研究所研究部長、大阪地検堺支部長等を歴任し、最高検刑事部、公安部の検事を務め、平成29年に退官。現在は、昭和大学医学部教授、警察大学校講師、慶應義塾大学法科大学院非常勤講師、ロシア連邦サンクトペテルブルク大学客員教授を務める。

　主要著書として、「ケーススタディ危険運転致死傷罪（第２版）」「知恵と工夫の結晶！　組織犯罪捜査のツボ」（東京法令出版）、「Q&A 実例　交通事件捜査における現場の疑問（第２版）」、「殺傷犯捜査全書」、「盗犯捜査全書」、「取調べハンドブック」、「マネー・ローンダリング罪捜査のすべて（第２版）」（立花書房）等がある。

村井　紀之（むらい　としゆき）

　平成２年警察庁入庁。警察庁生活安全局生活環境課理事官、内閣サイバーセキュリティセンター参事官、警察庁交通局交通指導課長、警察大学校交通教養部長、青森県警察本部長等を歴任し、現在、内閣官房内閣審議官。

　交通警察に関する論考として、「高速道路の安全と円滑の確保に向けて：高速道路会社と警察の更なる連携」（全２回、那須修氏・多田寿氏との共著、東京法令出版「月刊交通」平成30年11月号、平成31年１月号）、「ICカード免許証の導入経緯について」（「月刊交通」平成16年11月号）等がある。

入尾野　良和（いりおの　よしかず）

　昭和54年千葉県巡査を拝命。館山署交通課長、千葉県警察本部交通総務課、交通捜査課などを歴任。警察庁指定広域技能指導官として多数の指導実績がある。

　交通捜査に関する論考として、「車両同士の接触のない死亡ひき逃げ事件被疑者に妨害目的の危険運転致死罪を適用した事件の検挙」（東京法令出版「月刊交通」平成27年12月号）等がある。

本書の内容等について、ご意見・ご要望がございましたら、編集室まで
お寄せください。FAX・メールいずれでも受け付けております。
〒112-0002　東京都文京区小石川5-17-3
TEL　03(5803)3304　FAX　03(5803)2560
e-mail　police-law@tokyo-horei.co.jp

プロ直伝！　交通捜査の Q&A

令和3年9月11日　初　版　発　行

編共著者　那　須　　　修
発 行 者　星　沢　卓　也
発 行 所　東京法令出版株式会社

112-0002	東京都文京区小石川5丁目17番3号	03(5803)3304
534-0024	大阪市都島区東野田町1丁目17番12号	06(6355)5226
062-0902	札幌市豊平区豊平2条5丁目1番27号	011(822)8811
980-0012	仙台市青葉区錦町1丁目1番10号	022(216)5871
460-0003	名古屋市中区錦1丁目6番34号	052(218)5552
730-0005	広島市中区西白島町11番9号	082(212)0888
810-0011	福岡市中央区高砂2丁目13番22号	092(533)1588
380-8688	長野市南千歳町1005番地	

〔営業〕TEL 026(224)5411　FAX 026(224)5419
〔編集〕TEL 026(224)5412　FAX 026(224)5439
https://www.tokyo-horei.co.jp/

ISBN978-4-8090-1432-1